ÉLAGUÉ

kamikwakushit

Maquette de la couverture: Jacques Léveillé

Photos de la maquette et de la page 30: Claire Dufour

Photos de l'intérieur: Dave Lepage

ISBN 0-7761-0074-2

kamikwakushit

COLLÈGE AHUNTSIC

CENTRE DE DIFFUSION

marc doré

THÉÂTRE/LEMÉAC

Introduction

Vêtement millénaire de la parole, ruse obligée du discours solitaire d'une espèce, le conte est d'une nature éminemment volatile. À la fois semblable et différent, il ne cesse de réapparaître aux endroits les plus inattendus. Et, au cours de ces imprévisibles itinéraires, chaque contexte culturel qu'il traverse un moment s'en croit l'unique dépositaire éternellement choisi par ses dieux nationaux. Parole mystérieuse, autant de fois ainsi attribuée en exclusivité aux divinités intemporelles, pour tenter de meubler l'effroyable silence cosmique dans lequel s'achève l'existence éphémère de notre espèce.

Pour quelle raison les contes dits «amérindiens» auraient-ils échappé à un tel destin? Plusieurs d'entre eux, avant ce qu'une autre myopie tenace nous fait encore appeler «découverte», avaient déjà à leur crédit de remarquables carrières; on les a retrouvés dans la bouche de multiples conteurs, parlant autant de langues différentes à des milliers de kilomètres les uns des autres. De plus, certaines de ces œuvres précolombiennes ont une indéniable parenté avec d'anciennes traditions narratives asiatiques et européennes. Saura-t-on ainsi jamais d'où viennent et où vont les contes? Chercher à élucider de telles questions, c'est souvent se condamner à devenir soi-même le nouvel agent d'une mobilité qu'on tentait au départ d'expliquer...

Le conte **Kamikwakushit**, dont Marc Doré nous offre aujourd'hui une excellente adaptation, pourrait ainsi fort bien avoir accompagné quelques pêcheurs bretons ou basques qui, bien avant les découvreurs officiels, avaient pris l'habitude de traverser l'Atlantique. Arriverait-on à le démontrer, que le problème des origines demeurerait entier. Car si sa trace pouvait être attestée dans telle ou telle ancienne province d'Europe, avant sa plausible nationalisation par les autochtones du Québec, qui pourrait en conclure que le génie occidental l'a créé de toutes pièces? Si on arrivait à prouver que Kamikwakushit a vécu avec la fille d'un seigneur féodal de l'ancienne France, avant son mariage américain avec celle d'un gérant de la Compagnie de la Baie d'Hudson, il n'est pas interdit de penser qu'il ait jadis été le gendre d'un mandarin chinois ou d'un notable de l'Inde. En ces matières, la question des origines est non seulement insoluble; elle renvoie toujours à une espèce de faux problème. La vérité d'un conte tient plutôt dans l'aperture de l'éventail de ses variantes, sinon dans les mécanismes de transformation rendant possible et pertinente l'émergence de chacune d'elles.

Ainsi, et comme tous ceux qui ont un jour repéré ce conte au pourtour de leur culture, tel que le fit sans doute un ancêtre de Pien Peters, Marc Doré nous en offre aujourd'hui sa magnifique version. Que ceux à qui elle plaira ne se préoccupent donc pas d'orthodoxie ou de fidélité par rapport au contexte amérindien d'où elle leur arrive. Le véritable auteur d'une telle œuvre, c'est l'ensemble de ceux qui y trouvèrent et qui y trouveront encore leur vérité, au point de ne pouvoir s'empêcher d'en faire part à quelqu'un d'autre. Bien raconter une histoire, c'est toujours l'adapter...

Rémi Savard

Présentation

> « Sous votre macadam
> vous enfouissez mon âme,
> vos pas sur mon crâne
> sont nouveau tam-tam. »

Avant que les Blancs n'arrivent, les Montagnais occupaient le vaste territoire qui s'étend de
la Côte Nord au pays esquimau. Vivant sur un
sol accidenté, ce peuple de la famille des Algon-
kins a dû développer une habileté peu commune
pour la montée, ce qui lui a valu le nom de « mon-
tagnard ». Mais les Montagnais se souviennent-
ils aujourd'hui des montagnes giboyeuses, des
rivières et des lacs poissonneux ? Parlent-ils tous
encore la langue algonkine, maintenant qu'ils
ont été refoulés dans la région côtière du Saint-

Laurent, sur une terre avare et exiguë, forcés à partager le mode de vie des Blancs?

Ce contexte tragique peut situer *Kamikwakushit,* conte montagnais adapté pour le théâtre, qui présente, à travers le microcosme de quelques individus, et de façon simple, humoristique et un peu amère, la vie d'un peuple en voie de s'éteindre. *Kamikwakushit* met en scène Thaddée et Damien, frères jumeaux qui tentent d'accéder au royaume blanc, et Kamikwakushit, leur demi-frère aîné, qui plutôt nourrit ses racines indiennes. Les trois frères et leurs parents vivent misérablement, transplantés dans une baraque, ayant peine à satisfaire à leur faim sur cette « terre de Caïn ». Kami, sans le rechercher, épouse la fille du gérant de la Hudson Bay Company que convoitaient les jumeaux. Un prétendant repoussé tente de perdre l'élu, mais une veuve que Kami avait déjà aidée le secourt et le ramène par une ruse chez son épouse. Après les retrouvailles, le gérant de la H.B.C. tend un piège au coupable et le fait pendre.

Kamikwakushit, celui qui est Rouge, qui accepte de l'être, qui n'essaie pas de se confondre avec le Blanc, le nouveau « grand manitou ». Malgré les nouvelles conditions de vie de son peuple, Kami conserve son âme primitive parce qu'il ne rompt pas le contact étroit qu'entretiennent ses sens avec la nature. Ses frères, Thaddée et Damien, jumeaux inséparables, indistincts, vivent une identité déchirée; ils n'obéissent pas à ce qu'ils sont, en raison d'un étrange malaise que crée en eux la vision des Blancs. Plutôt, ils choisissent d'imiter ceux-ci, convoitant leurs maigres privilèges, éblouis par le vernis qui recouvre leur civilisation. Pour ce faire, les jumeaux doivent se ranger au bas de l'échelle sociale, et y rester, car leur mimétisme attise le mépris des Blancs (et la honte d'eux-mêmes?) au lieu de susciter le respect. Plus que déchirés en fait, Thaddée et Damien sont déchus: d'abord faux Blancs, et par voie de conséquence faux Rouges. Ils se dessaisissent de leur culture, mais ne peuvent en retour ressentir ni bien assimiler celle des Blancs. Aussi, lorsqu'ils s'enfarinent le visage et s'endimanchent, en réalité ils se travestissent et s'enfoncent dans leur déchéance. Et l'on devine que pour eux l'échec (faux Rouges) et le rejet (faux Blancs) sont inévitables, engendrent la frustration, qu'il faut reporter sur quelqu'un, alors haro sur Kami: être sans manières (sans les manières des Blancs), qui sent le carcajou (selon l'odorat fin des Blancs), qui porte un chapeau de femme (selon l'esthétique hypersexuée des Blancs)... Kami, frère à l'image de ce qu'ils tentent d'oublier en eux, frère qui après tout n'est que demi-frère. Kami, qui les poursuit avec l'opiniâtreté de la conscience. Couple miroir, Thaddée et Damien se renvoient le reflet éteint de ce qu'ils ont cessé d'être, et de ce qu'ils ne pourront devenir. Par ailleurs, du fait qu'il n'envie pas les Blancs, qu'il ironise sur leur perception grossière des Indiens, Kami résiste, même si c'est souvent avec des armes blanches, «selon la loi d'airain qui refuse à l'opprimé toutes les armes qu'il n'aura pas volées lui-même à l'oppresseur[1]». Thaddée et

---

1. Jean-Paul Sartre, «Orphée noir», dans l'*Anthologie de la nouvelle poésie nègre et malgache de langue française* de Léopold Sédar Senghor, P.U.F., Paris, 1972, 227 p., p. XV.

Damien ne luttent pas, sinon dans le but d'opérer l'impossible conversion raciale. Et Kami, dénué de toute susceptibilité, voire d'amour-propre, continue de respecter ses frères, par delà leurs affronts, leurs injures : après tout, Kami et les jumeaux ne partagent-ils pas la même humiliation face au Blanc, malgré que leur réaction à la souffrance soit différente ? Kami connaît la kyrielle de préjugés que nourrissent les Blancs à son endroit, et il nous en parle : « en dépit de ma dite paresse », « en dépit de mes dix mille poux / de mes allures de voyou » ; on le dit aussi « sauvageon », et Minnie le traite de « dégoûtant ». Georges Bataille dit : « Un homme, une femme sont en général jugés beaux dans la mesure où leurs formes s'éloignent de l'animalité[2]. » Et l'on pourrait ajouter à « leurs formes » leurs mœurs. Kami animal (carcajou, écureuil)[3] versus Thaddée et Damien qui tentent d'extirper d'eux-mêmes l'instinct et l'intuition.

Kamikwakushit, celui qui a faim. Ou la faim comme symbole de la dépendance de l'Indien vis-à-vis du Blanc. C'est la voracité mal contenue de Kami, lors du souper chez les Boivin, qui fait avorter le projet de mariage des frères jumeaux avec Maria et Stella. Lorsque Kami rencontre pour la première fois Minnie Crane, il lui demande

---

2. Georges Bataille, *L'Érotisme,* Minuit, Coll. 10/18, Paris, 1965, 305 p., p. 158.

3. Pour sa part, Bernard Assiniwi dit du Montagnais qu'« il apprenait à respecter les bêtes et trouvait souvent des similitudes entre sa vie et celle de certains animaux ». *Histoire des Indiens du Haut et du Bas-Canada,* tome 1, Leméac, Coll. Ni-T'Chawama/mon ami mon frère, Montréal, 1977, 151 p., p. 63.

de faire cuire un œuf; de même, après s'être fait passer pour un cuisinier, Kami peut retrouver son épouse: ces épisodes de la relation de Kami et Minnie marquent symboliquement par la nourriture le début et la continuation de l'état de dominé dans lequel se trouve l'Indien par rapport à l'Anglaise. On voit souvent Kami manger (de la soupe, de la confiture, de la sauce) ou boire (du thé), et il en redemande, n'atteint jamais la satiété. Son corps a faim, et l'on sait que Kami ne tente pas d'échapper à ses ordres. Par contre, Thaddée et Damien, fascinés par le prestige de l'abondance, retiennent leur élan, attendent, dans l'espoir sans doute d'échapper pour de bon à la faim, à leur condition d'Indiens. Quant aux Blancs, du moins ceux parmi eux «qui sont du bon côté de la vie», pour reprendre l'expression de Louis-Ferdinand Céline, ils vivent dans la pléthore et le gaspillage; ils aiment se gaver, ne serait-ce que pour pouvoir le relater par la suite. Pensons au gérant Crane qui décrit avec volupté ce que doit être un bon sandwich au porc frais; pensons de même à sa fille Minnie qui trouve dans une page de Walter Scott un menu fastueux.

Plus que la vision de l'Indien à l'égard du Blanc, l'examen de l'antagonisme que renferment les couleurs blanche et rouge révèle certaines caractéristiques des mœurs des civilisations en présence. Ainsi, le conteur parle du «lavabo blanc et froid» qu'a apporté avec elle la civilisation d'origine européenne; d'autre part, Damien et Thaddée, invités à souper chez les Boivin, évoquent «le désert blanc»: ici le blanc symbolise la sécheresse, le vide, et là il désigne l'absence de chaleur; en définitive, ces expressions dichotomiques s'annulent en indiquant le même manque. Par ailleurs, les Blancs aiment la farine tandis que les Indiens préfèrent la viande; on apprend que Kami «n'aime pas tellement la farine», avec laquelle on fait le pain et les crêpes; on a vu aussi que Thaddée et Damien s'enfarinent le visage, dans leurs tentatives pour pénétrer le monde des Blancs. L'Anglais Tuffer rapporte de Jamaïque du rhum blanc, l'alcool étant un produit répandu chez les Blancs. Les noms de certains personnages aussi sont significatifs: le «docteur Speakwhite», du Connecticut, a acheté la rivière dans laquelle pêchait la famille montagnaise; «Joseph-Marie Leblanc» représente l'ingratitude, la traîtrise des Blancs: incidemment, le village de «Blanc-Sablon» semble un lieu de prédilection pour cet homme. Cependant, «la veuve Goupil», même si elle est d'origine blanche, s'apparente plus à l'Indien qu'au Blanc: d'abord, son nom est construit sur le modèle totémique, lequel opère selon des analogies inspirées par les animaux; puis, à un certain moment, la veuve se métamorphose en renard *roux;* enfin, elle manifeste de la reconnaissance envers Kami. En ce qui concerne l'eau, les Indiens pêchent en eau douce, alors que les Blancs voyagent sur «l'eau polluée de sel» (lorsque Kami décide de jouer au Sauvage, il se met du sel dans les cheveux et raille ainsi doublement le Blanc); c'est aussi dans la mer que Leblanc tente de noyer Kami. La truite est rouge, la morue blanche (mot dont l'étymon, non certifié, serait «mer»). Les tripes de la truite, que les Indiens utilisent comme engrais, apportent la fertilité au potager; quant au varech déposé par l'eau de mer, il est stérile. Kami et Minnie prennent la mer sur la goélette *Méduse,* la méduse appartenant à la faune marine. En mer, c'est-à-dire en plein territoire blanc, Kami, sous l'influence de son épouse, revêt «l'uniforme blanc du capitaine», avec casquette et cravate.

Mais, comme le dit Marc Doré en avant-propos: «Ne voyons pas là une aspiration!» En effet, malgré qu'il s'accepte comme Indien et qu'il éprouve de la révolte en regard des injustices commises contre sa race, Kami se laisse dominer, du moins au plan du comportement, par une femme blanche qui lui est chère, comme il se laissait offenser par ses frères sans jamais les réprouver ni même se défendre, les appelant au contraire «mes gibiers de frères». La fidélité de Kami est inaliénable: il aime sans exiger l'amour en retour, semblant ignorer la faiblesse, l'ignorance chez les autres et refusant de leur prouver ce qu'il est. Minnie peut bien le nier en le rebaptisant à l'anglaise[4], Kami ne s'en formalise guère, peut-être parce qu'il est conscient de la pérennité de l'identité qu'il s'est *choisie.* Autant Minnie est-elle attirée par une sorte d'exotisme chez Kami, autant en refuse-t-elle le dépaysement, ou la différence de nature qu'implique l'exotisme, pour se satisfaire plutôt d'images grossières et s'offrir le plaisir de modeler Kami à sa guise.

Nombreuses sont les situations dans ce conte qui illustrent, à travers Kami, la générosité et le

---

4. «(...) bientôt on ne saura plus par vos noms de famille que vous êtes Indiens. Blancs et Indiens, nous porterons les mêmes noms.» An Antane Kapesh, *Je suis une maudite Sauvagesse,* Leméac, Coll. Dossiers, Montréal, 1976, 238 p., p. 27.

sens de l'entraide de l'Indien. Il est dans les mœurs de l'Indien de partager ce qu'il possède avec ses congénères ; par contre, lorsqu'il manque de nourriture, il s'attend naturellement à ce qu'on lui en donne. Chez le Blanc bien nanti c'est une tout autre histoire : il préférera garder les biens qu'il a acquis (de quelle manière ?), pour les faire fructifier, et s'il décide d'en faire profiter ceux qui sont dans le besoin, alors il le fait ostensiblement, avec apparat et une foule de témoins, à la fois pour apaiser sa conscience et pour étaler au grand jour la preuve de sa puissance. Pour les bénéficiaires des largesses des Blancs, c'est le banquet ou la disette. Chez l'Indien la charité n'existe pas, parce que la richesse n'existe pas. Pas plus que la pitié. Kami engage à bord de la *Méduse* Joseph-Marie Leblanc, qui, pour le remercier, le jette à la mer, vengeant ainsi son échec lors du concours (l'esprit de compétition, une autre invention blanche) en vue d'obtenir la main de la fille du gérant. Rappelons-nous la scène allégorique des endettés épinglés, qui montre l'humiliation que fait naître chez les démunis le potentat Crane : Kami rejette l'attitude inique du gérant de la Compagnie en réglant les dettes de ceux et celles qui se présentent à lui, alors qu'il aurait pu trouver là l'occasion d'imiter le riche.

La caractérisation du Blanc et de l'Indien peut paraître manichéenne et, partant, outrancière. Ce n'est pas tout à fait faux. Mais il convient de dire que le principal enjeu de ce conte/pièce n'est pas de tracer un portrait fidèle des deux races en présence, mais de montrer, au moyen d'images simples et efficaces, la dépossession de l'Indien depuis l'invasion territoriale et culturelle du Blanc. Ici l'Indien trouve sa parole en Kamikwakushit, cette parole que notre arrogance a toujours réduite à néant, celle qu'on n'a jamais voulu entendre, sans doute par crainte de la trouver légitime. Kamikwakushit ne s'exprime pas avec un intellectualisme mesuré, mais plutôt avec une impulsivité comparable en force à l'imagerie mystifiante dont on l'a toujours entouré. Aujourd'hui, l'Indien vient nous rappeler qu'il n'est pas un « facteur de bébés » ; il vient demander si notre conscience est aussi blanche que notre peau, et nous dit qu'il sait qu'on l'a dépouillé de sa terre et de sa culture.

Sa culture... Être d'une grande mobilité, parcourant son immense territoire à la recherche de gibier et de poisson, le Montagnais a dû se replier sur la rive nord du Saint-Laurent où le Blanc l'a fixé dans des maisons, autour d'écoles, afin de le rendre sédentaire... pour, pendant ce temps, s'emparer en toute quiétude de ses rivières, de ses forêts. Et, comme pour le dédommager de cette spoliation, le colon blanc lui a donné l'électricité, l'alcool, la police, deux langues officielles, le travail salarié[5], le Bien-Être social. Voilà ce qui reste de la culture indienne. Qu'on se remémore le film très touchant d'Arthur Lamothe, *Le Passage des tentes aux maisons* (huitième et dernier film d'une série intitulée *Carcajou ou le Péril blanc,* interdit à Radio-Canada, qui le lui avait pourtant commandé). Ce document, qui

---

5. Parlant des enfants indiens, An Antane Kapesh dit, œuvre citée, p. 143, qu'« ils sont incapables de gagner leur vie dans leur culture indienne et (qu') ils ne sont pas habitués à la gagner à la manière des Blancs ».

constitue en fait l'envers de la version officielle véhiculée par Québec et Ottawa sur le problème rouge qu'ils ont créé, illustre sans ménagement les implications de la nouvelle vie sédentaire du Montagnais, son douloureux passage à la culture (sous-culture) blanche. Par exemple, on y entend le témoignage d'un assisté social à qui le gouvernement fédéral réclame, dans un bilinguisme que l'autochtone ne comprend pas, de l'argent qu'il lui a versé en trop par erreur...

Ce conte transposé au théâtre laisse une place de choix au geste, qu'on retrouve sous diverses formes. Le rituel, par exemple, indique, à l'aide d'objets et de mimiques, les moments capitaux de l'individu, au sein desquels se nouent peurs et désirs: pour Kami la faim, pour Thaddée et Damien l'«enfarinage». Ainsi, les masques que portent les hommes pour la demande en mariage de Minnie révèlent l'importance sociale accordée à cet événement en le sacralisant. Le rêve, comme autre expression gestuelle, fait surgir le merveilleux, pour lui donner son épaisseur, sa vérité: «Nous avons besoin de rêve comme le rêve a besoin de nous», dit le conteur. Le conte fournit alors un lieu où le rêve peut prendre forme, par conséquent inventer, fertiliser un nouveau réel. Et ici le rêve donne droit à toutes les fantaisies, à toutes les invraisemblances. Il n'est pas surprenant que le Blanc privilégie la parole, tandis que l'Indien préfère recourir au geste: la parole (et aussi l'écrit) est à la source même de la civilisation du premier et rend compte de son besoin de *concevoir* le monde; d'autre part, en lui permettant de transposer son intuition, le geste s'accorde très bien à la nature de l'Indien, traduit sa relation immédiate, physique avec les choses.

À l'heure où l'on pense, au Québec, à la sauvegarde de la jeune tradition des francophones d'Amérique du Nord, il n'est pas fâcheux qu'on commence à se tourner du côté des premiers occupants du territoire, les Amérindiens, ne serait-ce que pour constater l'étendue de la spoliation (et son irréversibilité?) dont les véritables peuples fondateurs ont été victimes. À cette heure où la question consiste encore à savoir si les Amérindiens doivent apprendre le français ou l'anglais! Et, une fois reconnue l'existence de ces peuples, saurons-nous comprendre que l'histoire du Canada n'a pas les quatre ou cinq centenaires des premiers explorateurs européens, mais bien les quarante ou cinquante millénaires de ces hommes venus d'Asie par le détroit de Behring. Peut-être alors tenterons-nous de réparer notre erreur de calcul.

Jean-Pierre Leroux

Avant-propos

Les hommes du gibier et de l'eau douce, les Montagnais. Ceux de la farine et de l'eau salée, les Blancs. Les premiers venant dépanner les seconds. Pour redire, en riant, à la face de notre désert blanc, l'empreinte (indélébile?) d'une résistance à l'oubli. Au moyen d'une farce.

L'Indien, le plus démuni, passe devant, traverse l'épreuve et vient marier la fille du gérant de la Compagnie de la Baie d'Hudson.

Ne voyons pas là une aspiration! Plutôt une boursouflure pour dire, à la grimace écœurante des préjugés: «Je suis capable.» Et quoi encore!

M.D.

Marc DORÉ est né en 1938 à Neuville, dans le comté de Portneuf. Il fait ses premières études au rythme d'une école par année! Puis c'est la formation théâtrale: à Québec, au Cours Gabriel Vigneault; à Paris, au Cours Charles Dullin et trois ans à l'École de mime, mouvement et théâtre de Jacques Lecoq.

Il enseigne depuis 1963 dans différentes écoles de la région de Québec. Est comédien-animateur au Théâtre Euh...! durant sept ans. Marc Doré enseigne au Conservatoire depuis '67.

Deux romans sont publiés aux Éditions du Jour, *Le Billard sur la neige* et *Le Raton laveur. Kamikwakushit* n'est pas sa première pièce.

KAMIKWAKUSHIT

(CELUI QUI EST ROUGE)

d'après le conte montagnais
du même nom
conté par Pien Peters
recueilli par Rémi Savard
traduit du montagnais par
Pipin Bacon et José Mailhot

CRÉATION

Pièce créée le 22 octobre 1977 au Conservatoire d'Art dramatique de Québec.

PERSONNAGES et DISTRIBUTION

Par ordre d'entrée en scène des comédiens:

Le Conteur *Thaddée* *L'Endetté 2* *Le Renard Roux* *Un Commis*	Robert Lepage
La Mère *Madame Boivin* *Un Commis* *La Veuve Goupil*	Jacqueline Patry
Kamikwakushit	Jean-François Gaudet
Le Père (un vieux *Blanc)* *Monsieur Boivin* *Un Sous-commis* *W.C. Field Crane*	Richard Fréchette
Le Vieil Indien *L'Indienne de la* *scène 6* *Maria Boivin* *P.E. Tuffer* *L'Estropié*	Claude Lemay

Damien	
Joseph-Marie	Yves Bourques
Leblanc	
Stella Boivin	
Walter MacAvoy	
Joseph-Marie	
Leblanc	Andrée Samson
Bradfield	
L'Endetté 1	
Madame Crane	
Minnie Crane	Marie-Christine
	Perreault

Le décor, les costumes et accessoires sont de Richard Anctil; la conception de l'éclairage est de Louis Sarraillon; les masques sont signés Bernard Duchesne; François Sasseville a écrit la musique des chansons; maquillage, Yvan Gaudin; régie, Guy Vaillancourt; et la mise en scène est de Marc Doré.

Scène 1

On voit l'intérieur d'une petite maison de Blancs — on pourrait dire une cabane. C'est la cuisine avec table et chaises; comme fond, des rideaux qui cachent les chambres.

LE CONTEUR

Ce n'est pas une très vieille histoire. Ni une vieille. Elle n'est pas jeune non plus. Et ce n'en est pas encore une qui a de la barbe. Bien qu'elle cumule sûrement les âges des deux personnes les plus rabotées de la salle. Ne cherchez pas, non, elles le savent. Voilà, nous sommes en pays montagnais. Pays du Nord, avec sa côte un peu pas mal dégarnie elle aussi. Le grand peigne blanc est passé par là. On en a retiré les poils.

Entre la mère.

Mais il est toujours là avec quelque chose entre les dents comme posé sur le bord d'un lavabo blanc et froid. C'est l'heure où le jour bascule dans ce temps interminable où l'on pâtit de faim. Un doigt presse la gâchette...

On entend un coup de feu. Kamikwakushit entre.

KAMI

Non, maman, je n'ai rien tué.

LA MÈRE

Tu as bien tiré un coup !

KAMI

J'ai visé un rat dans le dépotoir. Quand un fusil est chargé, faut qu'il parte.

LA MÈRE

Tu ferais bien de garder tes cartouches.

Ils entrent dans la cabane.

(*Ouvrant son tablier.*) Non, seulement des racines. Dans le potager de ton père, rien qui pousse. Et ça n'a pas plus poussé avec la morue et le goémon qu'il a répandus sur les navets, les oignons et les choux.

Le père qui revient de la pêche donne le poisson à sa femme, en mime.

LE PÈRE

Encore une autre belle journée du Seigneur !

La mère fait cuire le poisson. Ils se mettent à table.

KAMI

Il n'y a pas de pommes de terre?

LA MÈRE

C'est tout ce qu'on a.

Elle ne mange pas. Font la prière avant le repas.

LE PÈRE

J'ai pas pu prendre autre chose que ce petit poisson-là. L'agent du gouvernement m'a dit que le docteur Speakwhite du Connecticut a acheté la rivière. J'ai dû ruser comme un renard.

KAMI

Moi, j'ai rien tué à cause du même agent que j'ai eu dans les pattes toute la journée. Si ça continue, on va chasser et pêcher dans ton potager.

Font la prière après le repas. La croix de tempérance tombe au milieu de la prière. Kami se lève et la pose dans un coin sur une boîte initialée H.B.C.

LE PÈRE

Tiens, là, sur ça. Elle ne tombera plus. *(Il bâille.)* Je vais piquer un petit somme. Qui dort dîne… déjeune et soupe.

La mère mange à l'entrée et Kami sort.

LE CONTEUR

Nous avons besoin de rêve comme le rêve a besoin de nous.

Sans rien sous le chapeau, pas de chapeau.

Sans d'abord rêve de soi sur l'eau, pas de goélette ni de galette.

Pas d'abord le rêve de cent caribous, pas un hibou.

Ah! le bel outil que l'on tient quand la main se détend, lâche, quand elle laisse, laisse venir.

Quel plus grand levier!

N'empoigne-t-il pas les montagnes pour qu'on y découvre ses lacs derrière?

Sur cette belle grande nappe de neige, apparaît l'empreinte du réel.

Bel et bien!

C'est ce que nous disons, nous.

Si ça tombe tout cuit dans la bouche, ça ne tombe pas pour autant dans le hamac de l'estomac.

Faut faire les premiers pas.

Faut grommeler le rêve, le marmonner, le grignoter, le mâcher, pas que s'en souvenir!

Non, le mâcher, le mâchonner, le formuler, le restituer!

Dans le tube digestif, ça voyage dans les deux sens.

Voici que ce vieux Blanc-là fait un rêve.

C'est son rêve qui lui parle.

C'est comme une voix d'homme.

Je ne sais pas, moi, si c'est son ami ou son grand-père.

On voit apparaître un vieil Indien en costume traditionnel. Le père fait ce qui est dit.

LE VIEIL INDIEN

Tôt le matin, tu iras à la pêche.
Tu te lèveras tôt.
À la pêche tu iras.
Tu iras pêcher dans la rivière.
Dans la rivière tu prendras aussitôt un gros
poisson.
Une seule prise suffira.
Ce sera une truite rouge: mistamatemek.
Tu sais comme elle est grosse.
Tout de suite après cette pêche-là,
Et ce sera un beau poisson,
Sur des jambes rapides,
Aussitôt, tu rentres chez toi,
Oui, avec hâte, et truite.
Arrivé sous ton toit,
La rouge, tu déposes,
Tu la déposes comme ceci:
Sur la table tu dépèces le poisson.
(Entrent sa femme et son fils.)
Les tripes, oui les tripes,
Tu les mets de côté.
Le poisson, tu le coupes en morceaux.
Un pour ta femme,
Un pour ton fils,
Un pour ton chien,
Un pour ton cheval.
(Kami sort donner les morceaux.)
Toi, tu manges la tête de la truite.
Ensemble vous le mangez, le poisson.
Oui, tous les cinq ensemble,
Vous mangez.
Exactement ensemble.
C'est ça, vous mangez tout.
Tout est mangé.

Restent les tripes.
Tu les noues, les tripes, ensemble.
(Kami veut aider son père.)
Non, pas toi, Kamikwakushit.
Ensemble les tripes !
Tu les emportes dehors.
Tu les traînes. Sur ton potager
Tu les traînes, les tripes...

Dans le potager, ils traînent les tripes.

LE PÈRE

Regarde, sa mère, ça pousse. Tout pousse.

Musique.

LA MÈRE

Je te l'avais dit. Tu ne m'écoutes pas. La morue, le varech, ça vient de l'eau polluée de sel. Comment voulais-tu que ça pousse ? Toi, tu ne m'écoutes jamais. Mais te voilà grande oreille point trop poilue pour le rêve. Vieux fou, vieux sage enfin. De la truite rouge, que je te disais. De l'eau douce, la rouge : mistamatemek.

Le vieil Indien sort.

LE PÈRE

Tout pousse. Les pommes de terre, le blé, les oignons, les navets, le chou.

LA MÈRE

Oui, oui, à notre façon.

40

LE PÈRE

Voilà que le café pousse, avec le thé et la poudre à pâte.

LA MÈRE

Et mon ventre.

LE PÈRE

Toi aussi?

LA MÈRE

Oui, oui, moi aussi, mais pas de toi! *(Elle rit.)* Oui, c'est de lui. *(Geste du côté où l'Indien est sorti.)*

KAMI

Et le chien, et le cheval.

Fait un geste sur son ventre.

LE PÈRE

Ça continue de pousser. J'ai suivi la prescription mot à mot et par cœur. *(Il sort.)*

LA MÈRE

Kamikwakushit, voici que te viennent des frères cadets, des jumeaux.

LE PÈRE, *il rentre*

Les chiots et les poulains marchent déjà.

41

LA MÈRE

Tes fils adoptifs sont capables à cette heure de marcher.

KAMI

Ce ne sont plus des poulains, mais des chevaux forts. Plus des chiots pisse-minute, des chiens avec crocs et qui bandent.

LA MÈRE

Voici nos garçons hommes faits. Thaddée et Damien !

Ils paraissent.

LE PÈRE

Tout, tout a poussé haut de même.

En mime, ils récoltent les produits du potager et les mettent dans des sacs, des boîtes. En passant derrière la cabane, les comédiens prennent des sacs et des boîtes initialés H.B.C. et les entassent dans la cabane. La musique cesse.

(Avant de s'asseoir.) Tout a grandi comme, comme... un magasin de la H.B.C.

LA MÈRE

On a réussi. Grande oreille point trop poilue pour le rêve. Vieux fou, vieux sage enfin.

LE PÈRE

J'ai suivi la prescription mot à mot et par cœur.

Scène 2

Dans le bois. Entrent rapidement Thaddée et
Damien, portant hache et scie.

THADDÉE

Sauvons-nous, cachons-nous. On va le regarder tourner en rond.

DAMIEN

Écoute, Thaddée, ne t'arrange pas pour te
faire découvrir.

THADDÉE, *vers le fond*

Hou! hou! Par ici, espèce de gogo.

DAMIEN

Tu tiens à le garder sur nos talons comme un
sale chat de cuisine.

KAMI

Mes deux gibiers de frères, où est-ce que vous
êtes encore? Je veux aller avec vous.

THADDÉE

Y a pas à aller, on revient.

KAMI

Je vous ai entendus. Tiens! C'est Damien, ça, hein!

Ils le font sursauter.

DAMIEN

On donne la chance au coureur.

KAMI

Où est-ce que vous courez comme ça? Je veux y aller.

THADDÉE

Tu veux venir?

Kami fait signe que oui.

DAMIEN

Tu nous suis?

Kami fait signe que oui.

LES DEUX

Vraiment!

THADDÉE

Alors, viens.

Ils marchent.

DAMIEN

Sais-tu où tu vas?

KAMI

Comme vous.

THADDÉE

Comme nous? Où? Ouais... On rentre à la maison!

KAMI

Le soleil est encore haut.

THADDÉE

C'est pas l'heure, tu veux dire.

Ils arrivent à leur maison. Les deux jumeaux s'endimanchent.

KAMI

Mais j'ai faim, moi. Rien sur le poêle, rien dans l'armoire. Rien dans le ventre! Vous, vous avez quelque chose derrière le ciboulot...

THADDÉE

Regarde-moi ce vieux frère-là. Il en devine des choses, hein!

DAMIEN

Pas étonnant. Avec les quatorze museaux qu'il a dans la face.

KAMI

À vous deux, ça totalise bien trente-deux museaux.

THADDÉE

14 + 14, ça fait 24. O.K., vieux?

DAMIEN

Eh bien! tu comptes plus vite que moi.

KAMI

Non, non, non. Vous n'avez pas compris mon calcul. Trente-deux museaux: vingt pour Thaddée et douze pour Damien. Est-ce que ça fait bien trente-deux? Où est-ce que vous allez? Où est-ce que vous allez?

Ils sont sortis les trois. Les deux jumeaux ont pris le temps de se mettre de la farine dans le visage. Ils marchent.

THADDÉE

Chez les Blancs.

KAMI

Ah!

DAMIEN

Nous sommes reçus comme futurs fiancés par monsieur Boivin.

KAMI

À cette heure-là chez monsieur Boivin! C'est que vous allez manger. O.K., je vous accompagne?

THADDÉE

O.K. non. Tu restes ici. *(Lui jette son chapeau par terre.)* Avec ton maudit chapeau de femme!

DAMIEN

On va manger-baiser.

THADDÉE

On va baiser-manger, c'est tout comme.

KAMI

«On va manger-baiser, c'est tout gomme.»

DAMIEN

Il est sourd comme un vieux chien. Tout gomme, tout comme. Tiens! c'est vrai que ça gomme; parce que les filles, quand c'est oui, c'est de la confiture, mioum!

KAMI

Si c'est de la confiture, j'y vais, j'ai faim, j'en veux.

THADDÉE

Mange ta main, garde l'autre pour Damien. On y va. Non, tu ne nous accompagnes pas. Tu ne sais pas manger modérément à table, espèce d'épais.

KAMI

Laissez-moi y aller, les gars. J'ai faim. Oh! oui, *(Suppliant.)* j'ai trop faim.

DAMIEN

Non, tu vas nous faire honte.

THADDÉE

C'est pas qu'on ne veut pas de toi. Les circonstances — le bon souper de bœuf chez les Blancs et ton appétit proverbial — font que tu ne peux pas venir.

KAMI

Oui, j'y vais à une condition... Écoutez, j'ai une idée: quand ce sera le temps de m'arrêter de manger, vous me donnerez un coup de pied sous la table.

THADDÉE

Tu vas t'arrêter quand on va te donner un coup de pied?

KAMI

Oui, oui, c'est promis.

DAMIEN

Tu le jures!

KAMI

Je le jure.

DAMIEN

Va pour le souper.

THADDÉE

Va pour le coup de pied.

KAMI

Pourquoi me frappez-vous?

THADDÉE

Pour pas que t'oublies.

KAMI, *à Damien*

Tu manges des biscuits!

Ils marchent.

DAMIEN

Ouais! Pour me couper la faim. Ce n'est pas poli de manger à se défoncer quand on est invité dans le désert blanc. Comment te sens-tu?

Thaddée fait le geste de s'ouvrir en deux.

Chaque fois que je vais chez les Blancs, ça me déchire en deux.

THADDÉE

Bon coup de pied...

DAMIEN

Bonne renommée.

Scène 3

La maison des Boivin. On finit de mettre la table. Les deux filles vont attendre dehors.

STELLA

J'ai tellement hâte de les voir arriver que ça me coupe l'appétit.

MARIA

Moi, c'est le contraire ; plus j'attends, plus j'ai faim. Et de bœuf et de Thaddée.

STELLA

Ne parle pas trop fort, si maman t'entendait.

MARIA

Bah ! t'en fais pas pour ses chastes oreilles ; dans le temps, paraîtrait qu'elle dansait plus qu'à son tour. Penses-tu qu'ils font un souper comme ça pour leur bon plaisir ? Non, y a du placement là-dedans, petite fille. Quand un père nettoie sa pipe pendant une demi-heure, c'est qu'il va marier sa fille.

STELLA

Attends un peu, on est deux là-dedans.

MARIA

Ça commence par une.

STELLA

Des fois et pas mal souvent, c'est par deux du coup. Écoute bien. En faisant le ménage ce matin, j'ai épousseté des fils d'araignée : quand il y a des fils d'araignée...

LES DEUX

...il y a des filles à marier.

MARIA

Prête-moi ton châle. La couleur me va mieux.

Elles échangent leurs châles.

STELLA

Moi, je ne sais pas quoi leur dire. Ils ne sont pas comme nous.

MARIA

Ils sont différents, oui et non.

STELLA

C'est drôle ce que tu dis là.

Soudain elles rentrent à la course.

Ils arrivent. Vite ! Papa, maman !

MARIA

Dépêchez-vous d'aller au-devant !

LE PÈRE

C'est pas trop tôt ! Viens, sa mère !

LA MÈRE

On arrive.

LE PÈRE, *dehors*

Salut, les gars !

LES DEUX

Bonjour, monsieur Boivin !

LE PÈRE

Cré diable ! vous vous êtes mis sur votre trente-six ! Arrivez-vous de la confesse ? *(Ne savent pas quoi répondre.)* Brrr ! entrez vite avant que le serein tombe. C'est tout chaud là, en dedans.

La mère, suivie de Damien, est rentrée.

Est-ce qu'il est avec vous, celui-là ?

THADDÉE

Bien, ça, c'est Kamikwakushit. C'est notre frère, c'est-à-dire notre demi-frère. Hein ? Dam...

Il a enlevé le chapeau de Kami.

LE PÈRE

Pour un demi-frère, ça en fait tout un.

La mère va chercher les filles qui rient dans leur chambre. Kami entre et s'assoit directement à table.

KAMI

C'est comme chez nous.

Ses deux frères l'empoignent chacun par un bras et le tirent de sa chaise par derrière.

LE PÈRE

Celle-là, la grande, c'est Maria. Puis la plus basse...

STELLA, *le coupant*

Stella. Toi, c'est Damien et... Thaddée.

MARIA

On ne s'est pas vus souvent.

LA MÈRE

Une fois à la cueillette des plaquebières. Dans notre temps, on ne se fréquentait pas plus. Bon, la table est prête. *(À Maria.)* Va porter le chat dans la chambre.

Ils s'assoient. Kami va au poêle. Le père se lève et lui place un baril à l'autre coin de la table, entre Thaddée et la mère.

LE PÈRE

C'est du bœuf acheté du *trader* de Québec.

KAMI

C'est plus bon que le cipaille.

THADDÉE

Meilleur, oui, meilleur.

LE PÈRE

Que le cipaille? Que oui! pas de comparaison.

La mère sert les soupes. Kami a le temps d'avaler la sienne avec une tranche de pain. La mère ramasse les assiettes à soupe. Elle se lève. Kami reprend une tranche de pain. Le chat lui saute sur les pieds. Il s'immobilise la bouche pleine·puis se lève. La mère sort le chat. Kami pense qu'il a reçu un coup de pied.

LE PÈRE

Qu'est-ce qu'il a celui-là? Aide-le, Thaddée, il est en train de suffoquer.

Thaddée lui frappe dans le dos.

LA MÈRE

Asseyez-vous, on ne fait que commencer.

Kami fait signe que non.

54

LE PÈRE

Allons, vous avez plus d'appétit que ça, vous autres, d'habitude. Sit down, please !

KAMI

Sleep down ?

STELLA

Laissez-le donc faire, vous le gênez.

LE PÈRE

En tout cas, toi, mon sacripant, laisse pas ça aux Anglais.

Ça rit. Il a déposé la viande sur la table.

LA MÈRE

Peut-être qu'il prendrait une crêpe ?

DAMIEN

Ne faites rien pour lui, non. Il n'aime pas tellement la farine. Il a plutôt sommeil.

Kami fait signe de bâiller et sort.

LE PÈRE

En tout cas... Ça, ça fait du bon pain. *(Il s'agit de Maria.)* Et ça, ça fait de la bonne confiture. *(Un temps.)*

Les jumeaux rient, gênés.

55

La mère, elle, on n'en parle pas: ça se vante tout seul.

LA MÈRE

Hum! hum!

LE PÈRE

En tout cas...

THADDÉE

On travaille en haut tous les deux. On coupe du bois avec le sous-commis. Faut du bois pour construire une porcherie-écurie pour la compagnie.

DAMIEN

Et une poudrière aussi.

LE PÈRE

Si vous en coupez pas mal, soyez pas surpris que la compagnie vous fasse construire une chapelle à côté du magasin pour attirer les Indiens. Les mauvaises langues qui ne sont jamais les pires racontent que le gérant, monsieur W. C. Field Crane, de la Hudson Bay Company, a écrit pour qu'un missionnaire vienne chez vous.

THADDÉE

Un missionnaire chez nous!

LE PÈRE

Ouais, chez vous. Parce que quand vous descendez toutes vos bandes, par ici, pour la confes-

sion et la communion, en haut, au magasin de la
H.B.C., les affaires baissent.

THADDÉE

On n'est pas au courant de ça.

DAMIEN

Thaddée et moi, on a décidé de ne plus
suivre les bandes.

LE PÈRE

C'est ce que je pensais aussi.

LA MÈRE

Arrête donc ton gramophone, tu parles à travers ton chapeau. «Qui mange du curé sera
damné!»

LE PÈRE

Non, madame, non, madame, non, madame,
non. Parce que je n'ai pas de chapeau, moi,
madame.

STELLA

C'est vrai, c'est une casquette. *(Rires.)*

LE PÈRE

On peut dire qu'on a fini de manger.

*Il se lève, ce qui donne le signal aux autres
d'en faire autant.*

LES DEUX

C'était très très bon, madame Boivin.

LE PÈRE

Maria, Stella, occupez-vous... Non, laissez faire ça. Nous deux, (*Désignant sa femme.*) on débarrasse.

MARIA

Ah! bien, on ne se le fera pas dire deux fois.

STELLA

Merci!

LE PÈRE

J'ai pas de violon, j'ai pas de tam-tam, mais j'ai demoiselles...

STELLA, *écartant les rideaux de la chambre des filles*

Donne ta main, Damien.

MARIA

Thaddée, grand nez, par ici.

Tous quatre sont sur les lits. Kami rentre, inspecte, meurt de faim devant les plats que l'on range. On n'entend de la chambre que murmures, gloussements et rires. Jeux de Kami autour de sa faim, pendant que le père range table et chaises.

LE PÈRE

As-tu peur qu'il te mange ?

LA MÈRE, *chuchotant*

Y a Damien et Paddée ?

LE PÈRE

Non, non, non, Damien et Thaddée.

LA MÈRE

C'est quoi le nom de l'autre ?

LE PÈRE

Attends un peu. Les filles, les filles. Voyons, les filles.

MARIA

Quoi ?

LE PÈRE

C'est quoi le nom de l'autre ?

MARIA

Lequel ?

LE PÈRE

Le troisième.

MARIA

Kamikwakushit.

LE PÈRE

Bon, bon, bon.

LA MÈRE

C'est quoi déjà son nom?

LE PÈRE

Kami... Ah! un nom à coucher dehors.

Kami va se coucher.

LE PÈRE

Est-ce qu'on continue la partie de dames?

LA MÈRE

Commence, c'est à ton tour. *(Un temps.)*

LE PÈRE

Fini pour ce soir. Il doit être tard.

LA MÈRE

Il est assez tard.

LE PÈRE

Hum! hum! onze heures, les filles. Il est onze heures.

On entend: Déjà! Pas déjà!

Vos amis vont dormir juste à côté dans l'autre chambre.

Les jumeaux sortent défraîchis et passent der-
rière l'autre rideau.

À quelle heure vous levez-vous?

DAMIEN

À six heures.

Le père baisse la lampe qu'il dépose sur la
table. Le couple disparaît à son tour. Thaddée
sort avec le fanal et bute sur Kami.

THADDÉE

Qu'est-ce que tu fais là?

KAMI

J'ai faim.

THADDÉE

Rentre! *(Dans la cuisine.)* Qu'est-ce qui t'a
pris tout d'un coup?

KAMI

Tu m'as touché le pied sous la table.

THADDÉE

Moi? Jamais de la vie.

KAMI

Oui, tu m'as écrasé le pied. Alors j'ai compris
le signal et j'ai arrêté de manger.

THADDÉE

Le signal! Le signal! Ton fanal est éteint, petite tête. Je ne t'ai pas touché du tout. C'est une erreur. Ce doit être le chat. Encore une de tes belles gaffes, Kamikwakushit! shit! shit!

DAMIEN

Chut! Couchez-vous donc!

THADDÉE

Toi, tu couches à terre. C'est normal, ta présence n'était pas prévue.

LES FILLES

Bonne nuit, bonsoir!

LES JUMEAUX

Bonsoir...

De la chambre des filles:

STELLA

Dors-tu?

MARIA

Non.

STELLA

Il est pas mal, Damien. Il m'a dit qu'il m'aimait et que j'avais le goût de la confiture.

MARIA

Moi aussi, il m'en a dit des choses, Thaddée. Ce que je ne digère pas, c'est quand papa me pousse de l'avant, sur le comptoir, comme un pain sec.

STELLA

Tu te fais des idées!

Un temps et ça ronfle. La tête de Kami sort de derrière le rideau. Il regarde puis vient sans bruit dans la cuisine. Il fait le tour de la table, prend garde aux chaises. Venant vers l'armoire, il cherche quelque chose. Revenant à la table, il prend la lampe, monte la mèche et inspecte l'armoire. Sort le bocal de confiture. Il dit: De la confiture! Il dépose le bocal sur la table.

KAMI

Je vais commettre un vol. L'occasion fait le larron. J'ai les tripes comme des sifflets de bateau. Aïe, aïe. Chut! taisez-vous. Je ne peux plus vous entendre. Pauvres petites.

Il va prendre le bocal et se brûle la main sur la lampe. Prend le bocal, vient devant la maison. Jeux.

Toute la main, vas-y, c'est à ton tour!

Il plonge toute la main et ne peut la retirer. Il y parviendra. Il la lèche. Il regarde le bocal. Il en reste très peu.

Espèce de glouton-carcajou! Tu allais tout manger. *(Il a parlé à sa main.)* Mes frères, les jumeaux. Il en reste juste assez pour les jumeaux.

Il va dans la chambre des filles par erreur.

Les gars, j'ai de la confiture.

Il aperçoit le postérieur de Stella.

Notre ancêtre du rêve a vraiment fait des jumeaux identiques. Y a pas, sauf mes deux fesses, jumeaux plus identiques que Thaddée et Damien. Ma foi! Ils sont encore plus visages pâles que les Blancs. C'est à croire que le geai noir est venu picorer un peu de leurs «moustachettes». De même, il vole des poils aux caribous. Blancheur de lune! Et l'autre aussi... en veut. Comme les deux doigts de la main, nourris par mes deux doigts. Mangez, mangez, en voulez-vous encore?

Elle lâche un pet.

J'ai pas bien entendu.

Il l'écoute. Elle pète à nouveau: Un peu, un peu, oui. Elle lâche un vent.

Ne souffle pas, ce n'est pas chaud. Non, non, pas du tout. Regarde.

Il en mange un peu, puis décide d'en finir, verse le reste dans le creux de sa main. Il se la lèche et la replonge toute dans le bocal. Cette fois, elle reste coincée. Sort de la cham-

THADDÉE

Encore !

DAMIEN

Pas encore lui !

THADDÉE

Ah non !, pas cette fois-là, mon petit vieux.

KAMI

Je veux vous accompagner.

THADDÉE

Sais-tu où l'on va ?

KAMI

Non !

DAMIEN

« Je veux vous accompagner. » Tu pars comme ça sans savoir vers quoi tu marches !

Les deux mangent des pommes.

THADDÉE

À Montréal on va.

KAMI

À pied ! et avec juste ce petit goûter-là !

Thaddée crache un morceau de pomme sur Kami qui le ramasse et le mange. Damien lui donne une pomme.

Prenez la goélette. Vire le vent qui vire le chien... Hum! peut-être savez-vous comme moi que le gérant de la Compagnie de la Baie d'Hudson marie sa fille? Vous le saviez! Bon. Parfait, je vous accompagne.

THADDÉE

Pas question. Est-ce que tu t'es déjà regardé dans autre chose que le fond d'une tasse? Avec ton maudit chapeau de femme tout écrabouillé comme une vieille théière!

DAMIEN

Tu es sale! Si je n'étais pas ton frère, je dirais que tu sens mauvais, le carcajou.

KAMI

Faites comme si je n'étais pas là. Je vous accompagne sans vous accompagner.

THADDÉE

En voilà une bonne! «Je suis là mais je n'y suis pas!»

KAMI

C'est ça. Exactement ça.

DAMIEN

Comme l'ange gardien des Blancs!

70

KAMI

Je vous suis de loin.

THADDÉE

Bon. Promets-nous qu'à un moment donné, à un lieu précis, tu vas t'arrêter et geler sur place.

KAMI

Je n'aurai pas froid.

DAMIEN

Tu vas rester là où l'on te dira, fiché en terre comme un piquet de tente?

KAMI

C'est entendu.

THADDÉE

Avec toi, on n'est jamais sûr de ce qu'entendent tes portes de grange.

KAMI

Je reste en bordure de votre territoire, aussi petit et tassé que l'écureuil qui n'a pas encore de quenottes.

DAMIEN

Tiens! Porte ça.

Il lui lance la cartouchière. Les jumeaux marchent.

THADDÉE

Le Blanc qui est venu avec l'annonce a bien dit qu'il fallait répondre trois fois à la fille du gérant?

DAMIEN

Il a plutôt dit répliquer. Celui qui le fera trois fois remportera l'épreuve et la mariera, la Minnie Crane.

THADDÉE

J'ai hâte d'entendre ce qu'elle va nous chanter.

Ils sortent.

Scène 5

On voit un escalier.

Minnie entre et chante.

MINNIE

Quand nous étions aux Indes
W. C. Field Crane, mon papa,
Tua un maharajah.

Avec Minnie la dinde
On l'a muté
Chez ces futés
De déplumés.

Petit daddy
Ici n'a pas tué
Je n'ai pas dit
Qu'il n'avait pas volé.

Maintenant
On dit partout
L'grand manitou
Dans c'pays
C'est m'sieur l'gérant
De la H.B.C.

Quand Minnie
Choisit
Elle prend pis,
Dit daddy.

Mais Minnie
Aura le zizi
De Kamikwakushit *(Ne prononce pas le t.)*

Elle sort. Entrent quatre hommes qui se partagent l'espace. Ils ont mis leurs beaux habits. Les jumeaux arrivent, suivis de Kami. Ils s'écartent de lui et tentent de se mêler aux autres. Jeu. Tous les hommes sont masqués pour accentuer l'aspect théâtral de la demande en mariage.

THADDÉE

On vient te rafraîchir la mémoire.

KAMI

Bien, je ne bouge plus.

DAMIEN

C'est-à-dire que tu peux ramper jusqu'à cette corde de bois là-bas.

THADDÉE

C'est ça. Fais-toi petit.

Kami s'y rend à quatre pattes pendant qu'ils vont vers le pied de l'escalier.

LE BLANC

Cherchez-vous quelque chose?

DAMIEN

Bien... euh!...

THADDÉE

On est venus pour... pour la même chose que... pour la f... pour mademoiselle Minnie Crane.

DAMIEN

Hum! Pour la demande en mariage. Hum!

THADDÉE

On cherche une place.

Le Blanc les pousse à l'avant-scène.

LE BLANC

Une place. C'est parfait. Parce qu'ici, ça se déroule dans l'ordre. Vous comprenez ce que je veux dire. À vous voir habillés, j'avais tout de suite compris que vous ne veniez pas chasser le caribou. Mes gars! Mangeurs de farine et mangeurs de gibier, tous les hommes se pourlèchent les babines pour la fille du gérant. Pas vrai que ses babines à elles, c'est plus doux que des lèvres de caribou! Seulement, vous voyez ces marches-là. Faut les grimper. Moi, christ, je veux sortir du trou. Un gars coincé ici vaut deux gars de Chicoutimi! Je suis capable de les monter à quatre pattes, les mains dans le dos. Je crois au miracle.

Il se signe et baise son scapulaire.

Donc, il y a un ordre. D'abord le sous-gérant, les commis, les sous-commis; après eux, les vendeurs. Attends un peu. Oui, c'est ça, même les vendeurs. Après, ce serait peut-être votre tour. Tenez-vous bien, les gars! Paraît que certains commis se sont fait écrire des petits laïus par avocats et curés de Québec. On attrape la mouche avec du miel.

DAMIEN

Une parole en vaut bien une autre.

THADDÉE

La bouche parle de l'abondance du cœur.

LE BLANC

Good luck!

Minnie apparaît en haut de l'escalier. Bagarre jusqu'au deuxième gentleman.

MINNIE

Gentlemen, je n'ai pas à ajouter: Messieurs. Soyez persuadés que W. C. Field Crane et moi, sa fille Minnie, nous vous considérons comme tels, c'est-à-dire des parfaits gentlemen. À cause de ce frileux après-midi, vous veillerez sur ma santé. Entendez par là que vous abrégerez quelque peu votre langue. Je vous en saurai gré. Minute! minute! les hommes, je fais les questions tel qu'il me chante. À vous de bien mordre à l'hameçon. Que les répliques les plus adéquates me viennent, Seigneur, du plus adéquat! — Pariez-vous que papa Crane regarde par le trou de la serrure? — Commençons par le commis en chef.

TUFFER

Je suis P. E. Tuffer, de Southampton. J'ai servi sous les drapeaux de Sa Majesté, sur ses fiers navires, dont le *B.H. Lyndon* pendant huit ans. Quatre dans la Chine lointaine et les quatre autres dans les non moins lointaines Indes. Je vous assure que je suis tout entier, nulle blessure...

MINNIE

Attention, je vous rappelle que c'est bibi qui cause d'abord. C'est entendu? Bon, au suivant.

TUFFER

My lord! j'ai fait ça par politesse...

MINNIE

Petitesse... J'ai rien entendu.

MacAVOY

Je n'ai encore rien dit.

MINNIE

Vas-y, je t'écoute.

MacAVOY

...

MINNIE

Parle !

MacAVOY

Pardon, mademoiselle... mais c'est vous... qui d'abord, premièrement, d'office.

MINNIE

Laisse le bureau de côté, fin finaud. Walter MacAvoy, à part ton Johnny Walker, qu'es-tu capable de mettre en branle quand, une fois la semaine, Minnie frotte sans espoir, contre le cuivre de ton comptoir, son pubis de vison ?

MacAVOY

Alors, ma main quitte le clavier de l'Underwood pour s'introduire dans la poche gauche de mon veston pour y aller cueillir ces petits tuffies que vous aimez tant.

MINNIE

Cet après-midi, je n'en suis plus à l'âge des sucettes. Au suivant !

UN COMMIS

« Mes yeux, mon cœur se font une guerre
[mortelle
Pour diviser entre eux le trophée de ta vue.
L'œil voudrait interdire à mon cœur ton image,
Le cœur nie que mes yeux soient libres de la
[voir. »

MINNIE

« *My heart doth plead that thou in him dost lie*
A closet never pierc'd with crystal eyes;
But the defendant doth that plea deny,
And says in him thy fair appearance lies. »

Sonnet quarante-six de William Shakespeare à son petit ami.

UN COMMIS

L'avocat de Québec m'avait pourtant juré que c'était lui qui l'avait écrit.

LE SOUS-COMMIS, *au public*

Si Shakespeare n'a pas réussi, Corneille va la faire bâiller.

Il avale son bout de papier, essaie de parler, s'étouffe et sort. Kami voit deux poules près de la corde de bois, il en attrape une qui lui pond un œuf dans la main. Il veut le mettre dans son chapeau, mais le laisse tomber.

MINNIE

Au suivant.

LEBLANC

Joseph-Marie Leblanc, Esquire. Je suis sous-commis au service de votre père, mais avant tout, je suis navigateur et l'un des meilleurs. J'aimerais tellement vous montrer de quoi je suis capable. Vous n'auriez sûrement pas à le regretter, foi de Joseph-Marie Leblanc.

MINNIE

Leblanc ou Lebrun, peu m'importe. Pourvu qu'il s'agisse d'un homme, d'un vrai. J'aime celui qui n'a pas froid aux yeux. Mais, demeurer aussi longtemps sous-commis n'est pas très ambitieux ; allez et meilleure chance la prochaine fois. Au suivant. *(Au public.)* Bon sang, on a vraiment ratissé toute la Côte Nord pour me trouver un homme. C'est le début de la fin. Amusons-nous un peu. My tailor is rich.

DAMIEN

Yes, but your father is richer.

MINNIE

Qui prend mari prend pays, qui prend Minnie prend...

Damien regarde vers son frère qui lui montre le magasin. Les autres font signe à Thaddée de ne pas l'aider.

79

Au suivant. Ah non!, il fallait répliquer du tac au tac. C'est trop tard pour la réponse.

THADDÉE

Écoutez, mademoiselle, c'est la première fois que je viens.

Il va chercher son frère jumeau. Ils se montrent côte à côte.

MINNIE

Ah! c'est vrai que tous les Indiens se ressemblent, allons-y. Qui prend mari prend pays, qui prend Minnie prend...

THADDÉE

Qui prend Minnie prend daddy et compagnie.

MINNIE

Très bien, en voilà un qui est sorti du bois. Quelle différence y a-t-il entre vous et moi?

THADDÉE

C'est un sujet sur lequel je pourrais parler longuement, mais je répondrai que la différence entre.

MINNIE

Vous, les Indiens, vous ne parlez pas souvent, mais quand cela arrive, vous décochez des flèches.

Thaddée regarde vers Damien qui ne l'aide pas.

Voilà sans doute que son carquois est vide.
Au suivant.

THADDÉE

Je n'ai pas pu répondre. C'est de ta faute. Si
tu n'avais pas été là.

KAMI

Je n'étais pas là, j'étais ici.

THADDÉE

Ha! efface...

KAMI

J'ai envie... tu m'entends, j'ai envie!

THADDÉE

Pas si fort!

KAMI

J'ai fort envie.

THADDÉE

Fais un nœud dedans.

KAMI

Moi, je veux bien, mais avant de faire le nœud,
il faut que ça sorte. En gros, c'est une grosse envie.
Pas ici, hein? C'est trop propre. Tiens, là, derrière?

THADDÉE

Pas là non plus. Ah! toi, tant pis! Fais dans
ton chapeau!

KAMI

Dans mon chapeau?

THADDÉE

Dans ton chapeau!

KAMI

Dans mon beau chapeau?

THADDÉE

Oui, dans ton pot de chapeau.

KAMI, *derrière la corde de bois*

Passe-moi un copeau.

Damien en cherche un, puis le donne à Kami qui sort en tenant son chapeau d'où émerge le copeau. Il repart à la poursuite de l'autre poule et lui prend son œuf qu'il met dans le chapeau. Il fait débouler la corde de bois par mégarde. Les jumeaux replacent le bois.

Je vais aller me dégourdir les fourmis par là?

THADDÉE

Eh bien! vas-y!

Minnie, qui passait entre les hommes qui poursuivaient leur demande, s'amène.

KAMI

C'est bien par là que je veux aller.

Il croise Minnie, elle se retourne, il hâte le pas et revient en faire le tour, toujours avec son chapeau sur son sexe.

Mon doux! que tu es belle. Eh! que tu es belle! que tu es belle femme!

MINNIE

Comment pourrais-je ne pas être belle, j'ai le sexe en feu!

KAMI

Fais donc cuire mon œuf tout de suite!

MINNIE

Quel œuf?

Kami lui donne son œuf. Les deux jumeaux disent: Un...

Mais avec quel bois?

Kami lui donne le copeau. Les deux jumeaux disent: Deux...

Et... la merde?

Alors il la lui donne. Les deux jumeaux disent: Trois...

DAMIEN

Ça parle au diable!

THADDÉE

C'est lui qui a réussi à lui clouer le bec !

MINNIE

Viens, mon mari.

Les prétendants partent en se moquant. Le gérant apparaît en haut des marches. Minnie va rejoindre son père, qui, tout étonné, en rate une. Kami est au pied de l'escalier. Minnie aide son père.

MINNIE

Voilà, j'ai trouvé. Je suis mariée. Écoute, papa, tu avais dit trois fois. C'est lui seul qui a réussi à me répliquer trois fois. J'avais ta parole.

CRANE

Tu aurais pu donner une chance à d'autres, pas à ce coureur de bois. Remarque que je n'ai rien contre ces gens-là. Ça, non. Je veux bien, en tant que sportsman, jouer fair-play, mais il n'a pas un sou. That is the question, the only one, darling, Kitty-Minnie, you have always heard from my sweet mouth.

MINNIE

Voici quand même mon mari !

Ils se serrent la main. Le gérant fait mine de les accompagner pour entrer et les quitte.

CRANE

Quelle époque! Voilà qu'il est plus facile de monter cet escalier que de le descendre.

Il appelle un commis.

LE COMMIS

Oui, monsieur.

CRANE

Prenez quelques hommes avec vous et rahstolez-moi sur-le-champ notre bateau le plus minable.

LE COMMIS

Attendez que je voie ; j'hésite entre la *Méduse* et le *Nelson*.

CRANE

Va pour la *Méduse*. C'est bien un bateau du même nom qui a coulé au début du siècle?

LE COMMIS

C'est précisément pour cette raison que je l'avais choisi.

CRANE

Bon, je note votre initiative.

Il écrit dans son carnet.

Ne lésinez pas sur la peinture, et que ça serve d'étoupe. Le travail en sera plus rapide. Faut profiter du vent qui souffle vers le large. Que vogue la galère!

LE COMMIS

C'est l'affaire de quelques heures.

Il sort.

CRANE

Les employés de la Hudson Bay Company sont tous célibataires. Primo, économie sur les salaires. Secundo, disponibilité plus grande du personnel. Tertio, réduction de logis. Quarto, frais de transport diminués. Brrr! quand reverrai-je les Indes? Encore deux ans dans cette terre de Caïn.

Il crache et sort.

Entracte

La mère: « C'est tout ce qu'on a. »

Kami: « Si ça continue on va pêcher et chasser dans ton potager. »

Le conteur: «Nous avons besoin de rêve comme le rêve a besoin de nous.»

Thaddée: «Un missionnaire chez nous!»

Kami: «Le gérant de la Compagnie de la Baie d'Hudson marie sa fille.»

Thaddée: «Est-ce que tu t'es déjà regardé dans autre chose que le fond d'une tasse?

Le Blanc pousse Damien et Thaddée vers l'avant-scène.

Minnie: «Je n'en suis plus à l'âge des sucettes.»

Minnie: « Et... la merde ? »

Kami: « Dessous mon aurore boréale
je suis bon jusqu'à Montréal. »

Crane: «Brown, de La Tuque. Non.»

Tuffer: «Prout! Prout! Prout!»

Leblanc: « La demoiselle Minnie,
c'est moi qui la voulais. »

La veuve Goupil: « Tenez, reprenez les trois dollars. »

Minnie: « Mon mari chantait cet air-là. »

Leblanc: « La triste vérité, comme on dit. »

Scène 6

Sur la goélette, sans mât, Kami et Minnie
avec son panier de pique-nique.

MINNIE

Et voilà! On ne voit plus la maison de monsieur Crane, pas même le magasin. Tu ne trouves
pas que les employés ont fait vite? Papa a dû leur
pendre une carotte au bout du nez. Du travail
rabiboché! Est-ce aussi dégarni que ça un bateau?

Elle jette son bouquet à la mer.

À ton tour, coquelicot; tombe en des mains
plus heureuses!

Ils regardent leur jonc... Ne savent pas trop
quoi faire. Le temps passe. Quand c'est deve-
nu insoutenable, elle va à l'avant et se met à
manger. Kami se meurt de faim. Il sort une
cuiller de bois, inspecte le bateau de tous côtés
comme un animal en cage. Frappant des
mains contre le bateau, de la colère il passe à
un rythme indien, dans une sorte d'appel.

KAMI

Si seulement je pouvais manger de la sauce que ma mère me donnait...

Sa mère, vêtue en costume traditionnel, apparaît et lui tend un grand plat de sauce. Il mange. On le voit qui frappe avec sa cuiller de façon rythmée...

C'est ma mère qui m'a donné la sauce que je mange...

MINNIE

John! John! John! John! John!

KAMI

Quoi?

MINNIE

Qu'est-ce que tu es en train de manger?

KAMI

Je mange de la sauce que ma mère m'a donnée.

MINNIE

Ah bon!

Kami mange et chante.

KAMI

C'est-ma-mère-qui-m'a-donné-la-sauce-que-je-mange...

MINNIE

John ! John ! Viens ici une petite minute.

KAMI

Quoi ? Qu'est-ce que tu me veux encore ?

MINNIE

Écoute-moi, Johnny. Je veux te dire quelque chose. Tu ne serais pas capable de rénover notre bateau et de lui faire un mât, de nous faire un bateau comme celui de mon père, mais qui soit encore plus beau que le sien ? Tu serais incapable de faire une chose pareille même si tu le voulais ?

KAMI

Bien sûr que je serais capable.

MINNIE

Non, tu ne le pourrais pas.

KAMI

Tu vas t'installer là, dans la cale, et surtout tu éviteras de regarder.

Il se met à chanter. Sa mère installe le mât avec les voiles, la roue, la boussole, les cordages. Ensemble, ils découvriront la figure de proue cachée par une bâche. Elle fait la navette entre la coulisse et le bateau. Rien ne vient d'en haut... des cintres !

La toute mémoire retrouvée des hommes,
Articulera nos mains jusqu'à la bouche.

89

Une roue ordonnera la direction.
La voile soufflera le pouvoir.
La boussole calmera nos cerveaux.
Note, note le chant de la facilité des poulies.
Donne-moi la toute simple transmission des cordages.
Tant de travail se reposera sur les draps nappés de blanc.
Le loisir, savant et gai, mettra par-devant ta figure.
La toute mémoire retrouvée des hommes,
Articulera nos mains jusqu'à la bouche.

Il prend la pose du capitaine.

Minnie! Minnie! Viens voir notre rafiot!

MINNIE *sort la tête*

Qu'est-ce qu'il y a!... Oui, c'est bien vrai que tu étais capable d'en faire autant. Oh! c'est joli, Johnny!

KAMI

Tiens, prends la roue et maintiens-la comme ceci.

Il donne la main à sa mère, tous deux viennent à l'avant du bateau.

Je suis bon en dépit de ce que je suis
malgré ce que j'essuie
en dépit de ma dite paresse
pour le travail qui reste
en dépit de mes dix mille poux
de mes allures de voyou.

90

En dépit de ce que vous me faites
ni plus bête.
Ni plus ni moins,
comme vous
j'aime le petit goût du caribou.

Facteur de bébés,
c'est bien beau.
Mais c'est quoi mon boulot
dans vos grandes baies?

Sous votre macadam
vous enfouissez mon âme,
vos pas sur mon crâne
sont nouveau tam-tam.

Si ma plainte est un cri
c'est que l'on m'écorche
entre l'arbre et l'écorce.

Ma flèche effilée,
je n'ose
la piquer
dans vos grandioses
défilés...

De Gènes,
Colomb,
le dégêné,
va donc cuire ton œuf.
Quand tu mouilles ta quille,
dans les quatorze cents et des neuf,
des années,
des milliers,
ont percé
nos coquilles.

Non,
je suis bon
sauvageon
en dépit
des on-dit, dit, dit-on.

Ce que je suis
sur la côte?
Eh bien ôte
ton parapluie
dessus mon aurore boréale.

D'ici à Montréal
je suis bon en dépit
de ce que tu dis.

Dessous mon aurore boréale
je suis bon jusqu'à Montréal.

MINNIE

Naviguons!

KAMI

Où irons-nous?

MINNIE

Du côté où vit monsieur Crane. Tu ancreras
ton bateau dans le havre de mon père. Tu seras
habillé comme un monsieur et tu porteras une
cravate. Ton chapeau, comme ceci...

KAMI

Attends-moi là!

*Il met un veston de capitaine avec la casquette
que lui tend sa mère.*

Où allons-nous?

Toute admirative, Minnie se jette dans ses bras. Mamours...

MINNIE

Johnny, là-bas, faire saliver mon père.

KAMI

D'accord. Cap sur W. C. Field Crane, le gérant de la Compagnie de la Baie d'Hudson. La H.B.C. La Here Before Christ! À nous deux!

La mère pousse le bateau.

Scène 7

Les marches devant chez monsieur Crane.

BRADFIELD

Monsieur Crane! Monsieur Crane! Monsieur le gérant!

Il apparaît en haut des marches.

Vite, venez, regardez au large. Ce doit être un de vos amis. Un pareil bateau!

93

CRANE, *avec sa lunette*

J'espère que ce n'est pas Robin Jones et
Whitman. Non, ce ne sont pas eux. Ce doit être
Stobo. Non. Kresge, de Détroit. Non. Holt Ren-
frew. Non. Monsieur Meunier, le chocolat. Mon-
sieur Perrein. Non. Non. B. D. Goldman. Non.
Dupont, de Nemours. Non. Brown, de La Tuque.
Non. Les frères Price. Non. Ah! Ah! Ah! Alouette!

BRADFIELD

Non, monsieur, ce n'est sûrement pas l'*Alouette*. Regardez bien. C'est encore supérieur à la
goélette de Jos. Blais.

CRANE

Allez! identifiez-moi celui qui veut me sur-
passer.

BRADFIELD, *qui a pris la lunette*

À votre service, monsieur Crane.

TUFFER, *à bout de souffle*

Monsieur le gérant, fiez-vous à moi, P. E.
Tuffer, officier sur le *H.M.S*...

CRANE

H.M.C.S. Est-ce que vous avez bu?

TUFFER

Si j'ai vu! oui.

BRADFIELD

Non, si tu as bu?

TUFFER

Monsieur le gérant, j'ai bel et bien vu le bateau de votre gendre.

CRANE *tombe assis dans les marches*

De mon gendre! Faites-leur signe de venir à terre.

Tuffer sort.

N'es-tu pas cuisinier aussi?

BRADFIELD

Pour vous servir, monsieur.

Il approche deux caisses l'une sur l'autre devant l'escalier où s'assoit le patron.

CRANE

Quel pays surprenant! C'est inouï, inouï. Aurait-il déniché une mine d'or? Pas possible, nous avons prospecté partout, partout, même dans mon caveau de pommes de terre. Raconte-moi ta journée.

BRADFIELD

Ça va être long.

CRANE

Vas-y, je ne suis pas pressé.

BRADFIELD

À 5 heures 30, lever-déjeuner-ménage du dortoir. Ai fendu du bois de chauffage, ai fait avec

Tuffer le carré de la poudrière. L'autre, l'Écossais, s'est foulé un poignet. J'ai trait les deux vaches. Ah oui! j'ai changé les paillasses, continué le sentier, goudronné les trois quarts du toit du magasin en dînant. L'après-midi, le magasin. Mise à jour des livres, fabriqué 421 cartouches, assemblé six poêles, lavé mon linge, refendu du bois, caché les bouteilles de Tuffer comme vous me l'aviez dit. Et j'ai engrangé le foin... la broue dans le toupet.

CRANE

Tout ça m'a ouvert l'appétit! C'est bien toi qui fais les sandwiches? Ce n'est pas ma femme?

BRADFIELD

Non, monsieur, c'est bien moi.

CRANE

Tu ne sais pas faire le sandwich!

BRADFIELD

Possible, monsieur...

CRANE

Évident!... Le sandwich et le mastic n'ont rien de commun. À part le tien. Je ne suis pas contre l'épaisseur du pain. Non. Tu fais de bonnes tranches. C'est un fait. Seulement tu mets plus de beurre. Non, pas plus. Mais tu dois l'étendre jusqu'au bord. Pas t'arrêter avant la croûte, en mettre et sur l'arête de la croûte. Par exemple, si tu le fais au porc frais. Eh bien! mon petit, tu ne dois

96

pas couper le porc frais trop mince. J'aime savoir, les yeux fermés, si c'est bien un sandwich au porc frais que je mange. Donc, épaissis tes tranches que tu fais légèrement, mais légèrement déborder des tranches de pain. Je n'aime pas me graisser les mains quand je mange. Regarde, je te fais un dessin. Là, le bord du pain. Légère bavure de viande, le beurre, on ne le voit pas. Voilà ce que c'est qu'un bon sandwich. Aie-le toujours devant les yeux. Vite, faites-m'en un.

BRADFIELD

Il y a épais et épais ! *(Se dit-il en sortant.)*

Il revient, le temps d'un aller-retour, avec le lunch de monsieur.

CRANE

À vue de nez, dis-moi combien de tonneaux peut-il bien contenir ?

BRADFIELD

Une vingtaine de tonneaux, monsieur.

Scène 8

Sur le bateau. Minnie et Kami vont prendre le thé.

MINNIE

Il n'y a pas à s'y tromper, nous sommes attendus.

KAMI

Nous sommes effectivement attendus. C'est ce que vient de me dire le commis en chef.

TUFFER

J'ai été chargé par votre père de vous ramener à terre. Si vous voulez nous faire l'honneur de descendre.

MINNIE

C'est impossible because c'est l'heure du thé.

KAMI

Prenez la barre.

MINNIE

Voyons, Johnny chéri. Tu ne connais pas les bonnes manières. Un homme distingué se doit toujours de tirer la chaise de la dame, après quoi, il peut s'asseoir.

Il s'exécute en avançant une caisse.

Merci.

KAMI

Sers-m'en une bonne tasse, j'ai une de ces soifs.

MINNIE

Jamais jusqu'à ras bord, et on ne prend pas la tasse à deux mains, mais d'une seule, comme ceci.

Il fait du bruit en buvant.

Johnny, dégoûtant.

KAMI

Non, je t'assure, il est très bon.

MINNIE

Je te parle de tes manières. Tu me fais honte. On boit sans bruit. On ne va pas à la tasse, mais la tasse doit venir à soi. Voilà qui est beaucoup mieux. Et si tu avais un bol de soupe devant toi, tu agirais de même, c'est-à-dire que la cuiller doit se déplacer dans ce sens, comme si tu n'avais pas tellement faim, et non pas par le raccourci, comme ceci. Tu fais des progrès, mon chéri. Dire qu'il a fallu des siècles à l'Angleterre pour en arriver là tandis que toi, tu y parviens en une minute.

TUFFER

Si vous voulez nous faire l'honneur et le plaisir de débarquer.

Bradfield frappe à la porte de Crane qui sort avec son pot de chambre. Il le passe à Bradfield qui le refile à Tuffer. Les deux attendent au pied de l'escalier.

CRANE

Minnie! D'où venez-vous? Où avez-vous pris ce magnifique bateau?

MINNIE

Nous ne l'avons pris nulle part, père; l'homme que j'ai épousé a toutes sortes de talents. Vous pouvez constater de visu qu'ils ne sont pas tous cachés! Johnny est vraiment très habile, il n'y a pas de meilleure main pour les radoubs. Voyez lesquels!

CRANE

J'ai donné un œuf, me voilà avec un bœuf. Bon, parfait, parfait. Je n'ai pas besoin d'en entendre davantage. Vous allez aller *(Charmant-poli.)* allez! allez! vendre toutes sortes de choses. C'est moi qui fournis les pommes de terre, les navets, la farine, la graisse, le beurre, le porc, le sucre, le thé, le lait en poudre, la mélasse. Vous me vendrez de tout! Dépêchez-vous, le thé va être froid.

Ils sortent. Et l'embarquement des denrées commence. Tuffer fait remonter les marches au pot de chambre en faisant des pets.

Scène 9

Le bateau est derrière un quai. Avec Kami à bord. Sur le quai, on voit une Blanche, debout

100

sur une caisse, entourée d'autres personnes. Son costume, sorte de grande cape, est couvert de feuilles de calendrier avec factures épinglées.

KAMI

Qu'est-ce qui se passe ici, pour l'amour?

L'ESTROPIÉ

Il ne se passe rien, justement. Nous regardons quelqu'un.

KAMI

Qu'est-ce que c'est?

L'ENDETTÉ 1

Nous la regardons; elle est toute couverte de dettes. C'est la plus endettée de nous tous.

Kami fait signe de débarquer les denrées. Un sous-commis se tient à l'écart.

Ici, tout le monde est endetté. On est piqués de part en part. C'est plus mauvais que les moustiques, ça, monsieur. Qui contracte des dettes, et ne les règle pas, a des épingles. Par exemple, je vais au magasin emprunter une livre de thé. Pour que je n'oublie pas ma dette, on me pique une épingle. Tant que je n'ai pas payé, l'épingle me pique. Quand tu travailles, tu y penses. Si tu en as trop, t'as le goût de rien faire. Tu ne t'en sortiras pas, parce que le prix des fourrures et des denrées, ça

101

flotte comme une pitoune. Dix épingles égalent dix dollars, vingt épingles vingt dollars, trente épingles trente dollars. Ça commence tranquillement. À l'automne, tu te retrouves porc-épic avant la chasse. Un homme peut en avoir cinq cents. Si le parfum de la malchance se met à pisser dessus. C'est ça qui arrive à la veuve Goupil.

KAMI

Ceux qui ont des dettes enlèveront leurs épingles. Aujourd'hui, j'ai: je partage. Demain, tu auras: tu me donneras! C'est ce que nous disons, nous, et faisons. Celui qui doit vingt dollars s'enlèvera vingt épingles. Celui qui doit cent dollars en enlèvera cent. Si vous en avez plus, vous en enlevez plus; chacun enlèvera toutes les épingles qu'il a!

Alors, les gens enlèvent les épingles et les tiennent dans le creux de leur main.

Combien d'épingles?

L'ESTROPIÉ

Trente! Pour les pilules Ayers, le sirop Turlington, le Balsam, le pain Killer, les sels d'Epsom, les menthes Ess, les pilules Cooper, le sirop 3R: Radways Ready Relief et l'huile de castor.

KAMI

Trente dollars. *(Vers un autre.)* Combien d'épingles?

L'ENDETTÉ 1

Quatre-vingt-sept, oui sept. Elle est cassée, mais ça compte quand même. Deux carabines Winchester Express, dix pièges numéro trois, deux couvertures de laine, de la toile, enfin tout ce qu'il faut.

KAMI

Quatre-vingt-sept dollars. Vous pouvez débarquer la marchandise.

L'ENDETTÉ 2

Monsieur, monsieur, de Havre-Saint-Pierre à Blanc-Sablon, il n'y a pas un missionnaire qui veut me confesser tant que je n'aurai pas payé mes dettes à la Compagnie. Vous comprendrez qu'un gars comme moi qui a passé huit mois dans le bois, n'est pas sans être noir de péchés. Vous savez ce que je veux dire.

KAMI

Vous en avez combien?

L'ENDETTÉ 2

Cent vingt-deux.

KAMI

Cent vingt-deux dollars.

LA VEUVE

Mon mari s'est noyé quand il a guidé ces messieurs de New York au lac Brûlé. Trois ans de cela.

103

M'a laissé sept enfants. Un seul trappe, le plus vieux. Vous comprenez qu'il faut de la farine pour toutes ces grandes bouches. Les chauffer, les habiller; ça fait en tout 497 dollars.

KAMI

Cinq cents dollars.

LA VEUVE

Non, reprenez les trois dollars, c'est le prix d'une chemise de flanelle.

Elle s'écroule.

L'ESTROPIÉ

Elle est morte, elle sera mieux là.

L'ENDETTÉ 1

Finis les problèmes.

On voit Minnie qui se signe sur le bateau. Une comédienne arrive, vêtue comme la veuve. Elle étend une peau de renard sur la morte. Elle fait un rituel pour indiquer que le renard sort du corps de la veuve Goupil. En même temps, elle doit se revêtir de cette peau. Elle sort en contrefaisant la démarche du renard. Pendant qu'on sort la morte, Leblanc qui était resté à l'écart s'avance.

KAMI

Cette marchandise-là, c'est pour vous tous.

LEBLANC, *au public*

Je travaillais à la Laurentide Pulp Company Limited, de Grand-Mère, comme officier. On m'a mis à la porte pour avoir fait crédit à une « tête de boule », alors que cet Indien-là était sur la liste noire. J'étais ce qu'on appelle un maudit bon gars. Après, j'ai bourlingué trois ans sur de vieux rafiots avant de me fixer à la H.B.C. La demoiselle Minnie, c'est moi qui la voulais. Je suis descendu à Blanc-Sablon pour noyer mon malheur, mais je n'ai pas eu le plaisir escompté. La fête est finie. Hé! capitaine! Vous prenez des passagers?

KAMI

Combien êtes-vous?

LEBLANC

Je suis tout seul.

KAMI

Avez-vous des bagages?

LEBLANC

Non.

KAMI

C'est correct, embarquez.

LEBLANC

Je travaille pour le grand manitou Crane. Son sous-commis. Navigateur. C'est vrai. Joseph-Marie Leblanc. Oui, monsieur.

Minnie descend dans la cale.

Laissez-moi naviguer. J'ai déjà dormi.

KAMI

D'accord!

Il disparaît dans la cale. Le sous-commis vide d'un trait sa bouteille et la jette à l'eau.

LEBLANC

Et ça nous passe par-dessus. Qu'est-ce qu'il a de mieux que moi, celui-là, hein! Allez-vous me le dire?

Il écoute.

Dites-le.

Il écoute.

La mer est sans réponse! Elle répète la même chose que moi. Qu'est-ce qu'il a de mieux que moi, hein! Un homme c'est un frère, un frère c'est un cochon. Pourquoi pas moi, Joseph-Marie Leblanc? Je l'aurai dit une fois pour toutes, bout de christ! John! John!

Il sort en buvant une tasse de thé.

KAMI

Qu'y a-t-il?

LEBLANC

Viens là un peu. Il y a quelque chose qui mord notre gouvernail. Ça mord très fort.

KAMI

Je ne vois rien.

LEBLANC

C'est derrière!

Kami se penche. Leblanc lui prend les jambes et le jette par-dessus bord.

Un homme à la mer! Un homme à la mer!

Il lance mollement une corde à l'eau.

MINNIE, *sortant de la cale*

Non! non! Johnny! Johnny!

LEBLANC

Il s'est trop penché pour regarder.

Elle veut se jeter à l'eau. Il l'en empêche et la caresse.

Arrête! Écoute! Reste là! Calme-toi. C'est vite arrivé, hein! un accident. Tu bois ton thé, tu te penches tranquillement pour voir ce qui frotte contre le bateau. Fit! Ploc! à l'eau. C'est tellement froid que tu n'as pas le temps de souffrir.

Elle lui crache au visage.

Je n'ai même pas pu le voir dans l'eau. Où est-ce qu'on va?

MINNIE

Chez mon père!

LEBLANC

Allons chez votre père!

Scène 10

Dans l'eau. Kami habillé comme au début. On doit voir la comédienne qui joue le renard.

LE RENARD

John! qu'est-ce qui t'arrive?

KAMI

Mais qui es-tu?

LE RENARD

C'est moi le renard, le renard roux!

KAMI

Oui, oui. D'où viens-tu?

LE RENARD

C'est moi la veuve Goupil dont tu as réglé les dettes : j'étais couverte d'épingles. Cinq cents. Cousue de dettes. Tu as payé mes dettes. En retour, je te ramène à terre.

KAMI

On ne voit même pas la terre !

LE RENARD

Je te ramène !

KAMI

Où vais-je m'installer ?

LE RENARD

Laisse-moi te remorquer.

Kami saisit la queue du renard.

Ne regarde pas, ferme les yeux, et je te ramène !

Ils arrivent à terre.

Ta femme a un prétendant ; on la courtise déjà ; après-demain, on la mariera. Toi, tu essaieras de trouver du travail chez le grand patron. Si on t'embauche et que le patron te demande ce que tu sais faire, tu lui diras que tu sais faire la cuisine.

KAMI

Je sais faire la cuisine.

LE RENARD

Si on te demande quelle sorte de cuisine tu sais faire, tu répondras que tu sais faire rôtir de la viande au bout d'une ficelle.

KAMI

Je sais faire rôtir de la viande au bout d'une ficelle.

LE RENARD

Demain, il va faire chaud, les fenêtres seront grandes ouvertes. Alors, près de celle de Minnie, tu chanteras: «Qu'as-tu fait? qu'as-tu fait?» Viens, tu agiras exactement comme je te dis.

Ils sortent.

Scène 11

Le quai de la Hudson Bay Company.

KAMI

Ohé! quelqu'un. (*En frappant sur une pancarte marquée:* H.B.C. PRIVATE PROPERTY.)

LE COMMIS, *tenant un fanal à la main*

Je t'ai fait peur?

KAMI

Je cherchais quelqu'un.

LE COMMIS

Es-tu seul?

KAMI

Oui.

LE COMMIS

Ça fait longtemps que tu es là?

KAMI

J'arrive.

LE COMMIS

Qu'est-ce que tu veux?

KAMI

Je me cherche du travail.

LE COMMIS

Tu te cherches du travail, toi?

KAMI

Quand on me donne de l'ouvrage, je le fais.

LE COMMIS

Tu reviendras quand la porcherie sera construite.

KAMI

Non, non, je voudrais travailler à la cuisine.

LE COMMIS

À la cuisine, comme cuisinier?

KAMI

Pourquoi pas?

LE COMMIS

Moi, je n'ai rien contre. Mais ce n'est pas moi qui engage. Attends-moi là, bouge pas.

Il vient pour sortir. Le gérant arrive.

CRANE

C'est pourquoi?

LE COMMIS

Il cherche du travail.

CRANE

Que sait-il faire?

LE COMMIS

Le patron demande ce que tu sais faire d'utile.

KAMI

Je sais faire rôtir de la viande au bout d'une ficelle.

LE COMMIS

Il dit savoir faire rôtir de la viande à l'indienne, vous savez, avec une ficelle et un bâton.

CRANE

Bon, d'accord, c'est ce qu'il fera. Avec le porc, le bœuf, la fesse de caribou et le canard. Parfait, parfait !

LE COMMIS, *à Kami*

Viens. (*Jeu.*) Marche devant...

Scène 12

On voit d'un côté Minnie dans sa chambre, de l'autre côté arrive le commis portant la viande, suivi de Kami avec le bois pour faire le feu et trois grandes branches comme support à viande.

LE COMMIS

Arrange-toi pas pour que la fumée entre dans la maison.

Jeu de Kami pour se débarrasser du commis.

MINNIE, *lisant un extrait de* Quentin Durward
de Walter Scott

Le déjeuner était en tous points admirable.
Il y avait un pâté du Périgord qui aurait fait les
délices d'un gastronome. Sa croûte magnifique
s'élevait comme les remparts d'une capitale, em-
blème des richesses qu'ils doivent protéger. Il y
avait encore un ragoût exquis relevé par une pointe
d'ail comme l'aiment les Gascons et que les Écossais ne dédaignent point. Le jambon était savou-
reux. Le pain était blanc et délicieux et il était
travaillé en petites boules (d'où le nom français de
« boulanger »). La croûte en était si appétissante
qu'elle aurait pu passer pour une friandise, même
accompagnée d'eau. Sur la table se trouvait une
boisson bien plus agréable que l'eau; on y voyait
un de ces récipients de cuir appelés bottrines qui
contenait de l'excellent vin de Beaune. Tant de
bonnes choses auraient donné de l'appétit à un
mort.

KAMI

Elle cuisait mon œuf, maintenant c'est à moi
de cuire. Quelle chaleur!

Il enlève son manteau.

Le renard roux l'avait dit. D'abord, m'enve-
lopper la main pour cacher mon jonc. Maintenant,
le sel pour simuler les poux.

*De temps en temps, il jette un œil sur la
viande qui cuit. Il chante.*

114

Qu'as-tu fait? Qu'as-tu fait?
D'ici ton seuil
Quel écueil!

Qu'as-tu fait? Qu'as-tu fait?
D'ici ton cœur
Quel bonheur!

Il siffle l'air. La mère de Minnie entre dans la chambre.

LA MÈRE, *elle a l'accent anglais*

Kitty-Minnie, tu vas prendre froid avec cette fenêtre toute béante sur la baie.

Elle la ferme.

MINNIE

Non, mère, si tu mettais ton nez dehors, il serait, en cinq minutes, le jumeau de celui du commis Tuffer!

LA MÈRE

Comme le noir te va bien! Pourquoi fait-il si chaud?

Elle ouvre la fenêtre.

Pourquoi fait-il si froid?

MINNIE

Si chaud! mon merveilleux mari. Si froid! sitôt veuve. Maman Gerty, mettez votre oreille dehors et vous entendrez l'été des Indiens.

LA MÈRE

Si ce n'était de tous ces maudits petits moustiques !

Elle vient pour fermer la fenêtre.

MINNIE

Non, non, mère, mon mari chantait cet air-là.
Maman Gerty, voulez-vous dire au cuisinier qu'il
apporte lui-même mon repas ?

LA MÈRE, *de la fenêtre*

Pardon, jeune homme ! Ma fille vous fait dire
— vous demande — de lui apporter vous-même
son repas.

KAMI, *au public*

Jouons au Sauvage. *(À la mère.)* Hum !
Pardonnez-moi, madame, mais je suis tout sale.

LA MÈRE

J'aurais doublement honte de me faire répondre de la sorte.

MINNIE

Pourquoi doublement ?

LA MÈRE

Parce qu'une jeune fille ne doit pas se trouver
en présence d'un sale homme et que tu es encore
la fille de monsieur Crane, chérie.

MINNIE

J'insiste ! Il faut que ce soit le cuisinier qui me l'apporte.

Kami tend le plat à la mère par la fenêtre.

Non, mère. Qu'il me l'apporte directement, lui-même.

LA MÈRE

Ridicule !

Elle fait signe à Kami de faire le tour.

KAMI

Bon, je lui apporterais bien, mais, madame, j'ai mal à cette vieille main, et puis je suis couvert de poux.

Il se gratte partout, et prend un pou dans ses cheveux qu'il montre à madame Crane. Celle-ci lui donne un coup de tue-mouches sur la main.

LA MÈRE

Je me sauve ! Je ne veux pas de ça !

Elle sort après avoir fermé la fenêtre.

MINNIE, *elle ouvre la fenêtre*

Allez, cuisinier, amène-toi avec ta viande rôtie à la ficelle. *(Au public.)* Avec ton bijou, mon chou,

tes genoux, tes hiboux, tes cailloux, ton joujou et
tes poux, mon époux.

KAMI

Je vais voir si elle m'aime encore. D'accord,
tout de suite.

Il prend le plat et entre dans la chambre.

MINNIE

Pose cela sur la table. *(Elle s'assoit.)* Non,
non, pose-le ici, na. Qu'est-ce que tu t'es fait à la
main, pour l'amour?

KAMI

Je me suis brûlé en faisant rôtir la viande,
brûlé grièvement.

MINNIE

Je vais te mettre le meilleur onguent qui...

KAMI

Ça va me faire mal, et puis... peuh! ce n'est
pas beau à voir. C'est tout sale et toi... et toi si
belle!

MINNIE

De toute façon, je ne la mangerai pas!

KAMI

Ne touche pas, tes mains sont tellement
belles!

MINNIE

Tu n'as pas le choix, sinon tu seras malade, très malade.

Elle l'entraîne en le tirant par l'écharpe, jusqu'au lit.

KAMI

Aïe! Aïe! Aïe! Ma main!

Elle prépare l'onguent pendant que Kami s'assoit sur le lit, la main libre.

MINNIE

Alors, cette brûlure?

KAMI

Ici, partout partout.

MINNIE, *le poussant sur le dos*

Où ça partout?

KAMI

Presque brûlé à vif.

MINNIE

Où ça?

Il remet son écharpe et essaie de se relever.

KAMI

Laisse, je vais me soigner moi-même dehors!

MINNIE

C'est toujours dehors avec vous. Il n'en est pas question.

Elle le repousse sur le lit.

C'est moi qui ferai le pansement. Bon.

Ils se chamaillent doucement sur le lit. Couchée sur lui, elle réussit à lui enlever l'écharpe. Pendant ce temps, le père est entré près du feu.

KAMI

Aïe ! Aïe ! Aïe ! Aïe ! Aïe !

Le père se brûle les doigts sur le morceau de canard qui reste.

CRANE

Aïe ! Aïe !

MINNIE

Sur ton jonc, c'est écrit Minnie et John ! *(Clin d'œil au public.)* Johnny !

Ils s'embrassent.

CRANE, *à la fenêtre*

Qu'est-ce qui se passe là-dedans ?

MINNIE

Père, c'est mon mari qui est revenu !

Il veut entrer par là, mais doit faire le tour.
Minnie met ensemble les deux alliances.

Regarde, nos noms.

CRANE, *en mordant le métal*

C'est pourtant vrai.

KAMI

C'est grâce à la personne à qui j'ai payé les dettes que j'ai été sauvé. En échange, elle m'a ramené à terre. C'est Leblanc qui m'a jeté par-dessus bord. Joseph-Marie Leblanc.

CRANE

Demain, j'offre un banquet; tout le monde sera présent, y compris celui qui l'a jeté à l'eau. Un grand banquet! Et j'y invite le sous-gérant, le commis en chef, les commis, sous-commis et vendeurs.

Scène 13

Autour d'une grande table dans le magasin.

TOUS, *ils chantent et frappent des mains.*
C'est le premier couplet de **Ballymurphy** *de*

121

McIlvogue, sur l'air de She'll Be Coming Round
The Mountain [1]

If you hate the British Army, clap your hands,
If you hate the British Army, clap your hands,
If you hate the British Army,
If you hate the British Army,
If you hate the British Army, clap your hands.

CRANE, *entrant*

Messieurs, j'ai entendu la petite chanson,
mais encore une fois je ferme les yeux. Impossible
d'en faire autant pour les oreilles. En cette occasion, j'ai décidé d'offrir ma meilleure bouteille à
celui qui saura nous raconter sa meilleure aventure
en mer. *(Applaudissements.)* Tuffer naturellement.

TUFFER

On revenait de la Jamaïque. On était venus
chercher des peaux, de l'huile de foie de morue et
de l'huile de castor. Arrivés au large, la mer se fait
grosse. Notre goélette, une quatre-mâts, se met à
s'étourdir dans le roulis. On n'a pas le choix, il
faut jeter du lest. On jette par-dessus bord trois
cent cinquante barriques du meilleur rhum blanc.
(Exclamations.) Trois cent cinquante! Et c'est là
que commence la fête au village. On voit toutes
les familles descendre sur la grève pour ramasser
cette bonne manne. On pouvait compter vingt barriques devant chaque maison. *(Exclamations.)* Vingt
barriques! Chaque jour de la semaine trouvait son
samedi soir. Cet hiver-là, on s'est chauffés au
blanc.

---

1. *Ballymurphy* est extrait du disque *This is Free Belfast!*
Paredon P 1006.

Jusqu'au curé qui avait changé son vin de messe. Et moi, là-dedans, vous imaginez bien que je n'étais pas pour laisser passer une pareille occasion. C'est comme ça que P. E. Tuffer débarqua sur la Côte Nord par ce jour béni de l'an de grâce 1883. (*Applaudissements*.) D'un côté, mauvaise saison pour la Compagnie ; de l'autre...

CRANE

...de l'autre côté, la H.B.C. jouit depuis ce temps de votre présence... humide.

TUFFER

L'aventure que je viens de vous conter est vraiment vraie. (*Protestations*.) La pure vérité sortie de ma bouche, comme un bébé d'une seconde.

Entre un commis avec des bouteilles.

Ô Bacchus ! c'est pas juste d'arriver après mon tour. C'est toujours sur moi que ça tombe. Avec un seul verre, je vous aurais emportés sur le dos d'un cachalot. Oui, ça m'est arrivé ! (*Rires*.)

BRADFIELD

La mienne non plus d'histoire n'est pas salée. Jeune commis à Londres chez Lloyd's, il s'embarque à Liverpool, simple matelot pour la Jamaïque. À un mille des côtes, bon nageur, il plonge avec sa Bible en main.

UN COMMIS

Plouf ! (*Petit*.)

BRADFIELD

Là, à Kingston, arrêté par la police ; on l'embarque sur le *William Pitt* avec ordre de le garder à vue. Dans la baie de New York, replonge...

UN COMMIS

Plouf ! (*Moyen.*)

BRADFIELD

...reBible, reprise. Prison, j'abrège. Plongeon, Bible, reprison. Boston, replongeon, plus de Bible, reprise, reprison. Montréal, cette fois. Départ pour Southampton sur le *Moby Dick*, replongeon...

UN COMMIS

Plouf ! (*Gros.*) Anticosti et te voilà ici. Merci. (*Il applaudit.*) Et bravo à moi qui vous ai soulagés ! Bravo ! bravo ! bravo ! Hourra ! À qui le tour ?

CRANE

C'est à Joseph-Marie Leblanc. Encourageons-le. (*Applaudissements.*)

LEBLANC

L'aventure en mer que je vais vous conter est hélas ! à l'inverse de celle de Tuffer, pas gaie. La triste vérité, comme on dit. On avait quitté Blanc-Sablon, à vrai dire on était au large. J'entends clapauder au loin, puis ça se rapproche. Ça soupire, ça renifle. Ça fait autant de bruit que si c'était dans mes oreilles. Après, silence, silence, comme avant que la débâcle ouvre sa gueule. Toujours

124

pas de bruit. Voilà que je ne suis plus capable de tourner la barre. Vous connaissez mes bras? Me voilà devenu faible comme un enfant. On me tourne la barre du côté où je ne veux pas. Pas d'erreur, c'est une baleine! J'appelle Kamikwagoukit... kougit.

TUFFER

Kushit! Kamikwakushit! It!

LEBLANC

It! Oui, j'ai compris.

Il prend une bouteille sur la table.

Il sort de la cale avec une tasse. «Quoi?» qu'il me dit. Je réponds: «Regarde, il y a une baleine qui prend notre gouvernail pour un hochet.» Avec sa tasse, il s'avance: «Je vais regarder.» Il se penche. Trop. En se tenant d'une main, parce que de l'autre... Par-dessus bord, il a basculé. Comme ça!

Il feint de faire tomber la bouteille de la table.

Sauf que lui, il avait fait sauter le bouchon. Enfin je pense, pas sûr! Je croirais — sans me tromper — qu'il avait dû boire. L'alcool, sauf pour Tuffer...

Il pose la bouteille devant Tuffer.

J'ai vu ça, moi. Peut-être qu'il est remonté à la surface... on sait tous que d'habitude, un noyé ça remonte...

125

Kami entre au bras de Minnie en haut de l'escalier. Il a son beau costume blanc de capitaine avec sa casquette. Tous se lèvent. Joseph-Marie Leblanc veut sortir, mais Tuffer le rattrape.

TUFFER, *en renversant Leblanc sur la table*

Kamikwakushit dit que c'est toi qui l'as jeté à l'eau.

LEBLANC

Non, non, ce n'est pas moi! Je le jure sur la tête de ma bonne sainte mère.

TUFFER

Tu n'auras plus jamais le temps d'oublier son nom. Kamikwakushit!

TOUS

Kamikwakushit! Kamikwakushit!

CRANE

Pendez-moi cet homme.

Ils le pendent au mât du bateau. Le pendu se déchire en deux.

LE CONTEUR

Vraiment, cela finit trop bien, cette histoire, avec le grand patron de la H.B.C. comme grand justicier.

Mais il est juste que ce soit à cette sorte de Blanc-là désormais d'être déchiré.

Nous nous demandons avec quoi le recoudre ?
Avec le fil d'araignée des filles à marier ?
Avec le fil de l'International Telephone and Telegraph Company ?
Avec le double fil barbelé des réserves de vos États ?

FIN

TABLE

ront-ils? *Bien parler c'est se respecter*! de Jean-Claude Germain, 194 p.

25. *Manon Lastcall* et *Joualez-moi d'amour* de Jean Barbeau, 98 p.
26. *Les Belles-sœurs* de Michel Tremblay, 156 p.
27. *Médée* de Marcel Dubé, 124 p.
28. *La vie exemplaire d'Alcide 1er le pharamineux et de sa proche descendance* de André Ricard, 174 p.
29. *De l'autre côté du mur* suivi de cinq courtes pièces de Marcel Dubé, 214 p.
30. *La Discrétion, La Neige, Le Trajet* et *Les Protagonistes* de Naïm Kattan, 144 p.
31. *Félix Poutré* de L. H. Fréchette, 144 p.
32. *Le Retour de l'exilé* de L. H. Fréchette, 120 p.
33. *Papineau* de L. H. Fréchette, 160 p.
34. *Véronica* de L. H. Fréchette, 120 p.
35. *Si les Canadiennes le voulaient!* et *Aux jours de Maisonneuve* de Laure Conan, 168 p.
36. *Cérémonial funèbre sur le corps de Jean-Olivier Chénier* de Jean-Robert Rémillard, 121 p.
37. *Virginie* de Marcel Dubé, 161 p.
38. *Le Temps d'une vie* de Roland Lepage, 151 p.
39. *Sous le règne d'Augusta* de Robert Choquette, 136 p.
40. *L'Impromptu de Québec ou Le Testament de* Marcel Dubé, 208 p.
41. *Bonjour là, bonjour* de Michel Tremblay, 111 p.
42. *Une brosse* de Jean Barbeau, 117 p.
43. *L'été s'appelle Julie* de Marcel Dubé, 154 p.
44. *Une soirée en octobre* d'André Major, 97 p.
45. *Le Grand Jeu rouge* d'Alain Pontaut, 138 p.
46. *La Gloire des filles à Magloire* d'André Ricard, 156 p.
47. *Lénine* de Robert Gurik, 114 p.

ACHEVÉ D'IMPRIMER SUR
LES PRESSES DES ATELIERS
MARQUIS DE MONTMAGNY
LE 27 NOVEMBRE 1978 POUR
LES ÉDITIONS LEMÉAC INC.